AND, NONETHELESS

AND, NONETHELESS
Selected Prose and Poetry
1990–2009

Philippe Jaccottet

Translated and Introduced by John Taylor

Chelsea Editions

Chelsea Editions, a press of Chelsea Associates, Inc., a not-for-profit corporation under section 501 (c) (3) of the United States Internal Revenue Code, has the support of the Sonia Raiziss Giop Charitable Foundation.

Cahier de verdure, © Éditions Gallimard, 1990.
Après beaucoup d'années, © Éditions Gallimard, 1994.
Et, néanmoins, © Éditions Gallimard, 2001.
Ce peu de bruit, © Éditions Gallimard, 2008.

Nuages, © Éditions Fata Morgana, 2002.
Couleur de terre, © Éditions Fata Morgana, 2009.

Translation and Introduction © 2011 by John Taylor

All rights reserved. No part of this book may be used or reproduced in any manner whatsoever without written permission except in the case of brief quotations embodied in critical articles and reviews.

Author photograph by Jacques Sassier. Used with permission.

Drawings, cover and page 21 © by Anne-Marie Jaccottet. Used with permission.
Cover and book design by Lisa Cicchetti

Library of Congress Cataloging-in-Publication Data

Philippe Jaccottet, 1925–
And, Nonetheless: Selected Prose and Poetry 1990–2009
Philippe Jaccottet, Translated and introduced by John Taylor, p. XXX

ISBN 978-0-9823849-9-2
1. Philippe Jaccottet—Translation into English
2.Taylor, John, 1952–   II. Title

Manufactured in the United States of America by Thomson-Shore, Inc.

First Edition 2011

Chelsea Editions
Box 125, Cooper Station
New York, NY 10276-0125

www.chelseaeditionsbooks.org

ACKNOWLEDGMENTS

Some of these translations first appeared in the following online reviews, print journals, and anthologies:

"The Cherry Tree," *The Marlboro Review* (Fall 2009, www.marlbororeview.org).

"Ascending the Steps," *Snowy Egret* (Autumn 2008).

A selection from "Notes from the Ravine," *Cerise Press*, Summer 2010, www.cerisepress.com). A different selection from "Notes from the Ravine" in *Blackbird* (Fall 2010).

A selection from "These Slight Noises," *New Swiss Writing 2010* (Solothurn: Solothurner Literaturtage, 2010), edited by Martin Zingg.

"A Kingfishers Catch Fire," *Michigan Quarterly Review* (Spring 2010).

"Daucus, or Wild Carrot" and "Robin," *International Literary Quarterly* (Summer 2010, www.interlitq.org).

"Another Parenthesis," *Essays and Fictions* (Autumn 2010).

"Violets," *Kestrel* (Spring 2011).

Much of the introduction draws on the essay "Intimations of the Beyond (Philippe Jaccottet)," first published in my book *Paths to Contemporary French Literature*, volume 1, New Brunswick, New Jersey: Transaction Publishers, 2004, pp. 257–264.

CONTENTS

9   Introduction

20 CAHIER DE VERDURE
    NOTEBOOK OF GREENERY

22 *Le cerisier / The Cherry Tree*
34 *Cahier de verdure / Notebook of Greenery*
36 *Rose, soudain comme un rose / Rose, like a sudden rose*
40 BLAZON VERT ET BLANC / BLAZON IN GREEN AND WHITE
54 *La pluie est revenue / It has been raining again*
58 SUR LES DEGRÉS MONTANTS / ASCENDING THE STEPS
66 *Montagnes à contre-jour dans le matin / A summer morning, mountains against the sunlight*
70 ÉCLATS D'AOÛT / BRIGHT BITS OF AUGUST
80 *Dans le ciel de cette aube tiède / A balmy dawn*
84 FRAGMENTS SOULEVÉS PAR LE VENT / FRAGMENTS STIRRED UP BY THE WIND
102 *Couleurs des soirs d'hiver : comme si / Colors of winters evenings, as if*
108 APPARITION DES FLEURS / APPARITION OF FLOWERS
120 *Le mince croissant de la lune aperçu / The thin crescent of the moon spotted*

124 APRÈS BEAUCOUP D'ANNÉES (*extraits*)
    from AFTER MANY YEARS

126 *Les pivoines / The Peonies*
136 *Eaux de la Sauve, eaux du Lez / Waters of the Suave, Waters of the Lez*
146 *Hameau / Hamlet*
156 *La loggia vide / The Empty Loggia*
164 *Au col de Larche / At Larche Pass*

180	ET, NÉANMOINS AND, NONETHELESS
182	*Ayant rayé le titre / Having Crossed Out the Title*
192	*Et, néanmoins / And, Nonetheless*
194	VIOLETTES / VIOLETS
206	DAUCUS, OU CAROTTE SAUVAGE / DAUCUS, OR WILD CARROT
212	« COMME LE MARTIN-PÊCHEUR PREND FEU . . . » / "AS KINGFISHERS CATCH FIRE . . ."
224	PARENTHÈSE / PARENTHESIS
232	AUTRE PARENTHÈSE / ANOTHER PARENTHESIS
240	ROUGE-GORGE / ROBIN
246	COULEURS, LÀ-BAS / COLORS IN THE DISTANCE
256	AUX LISERONS DES CHAMPS / TO FIELD BINDWEED
282	ROSSIGNOL / NIGHTINGALE
286	NUAGES CLOUDS
296	CE PEU DE BRUITS (*extraits*) *from* THESE SLIGHT NOISES
298	*Notes du ravin / Notes from the Ravine*
356	*Après coup / Afterwards*
360	*Ce peu de bruits . . . / These Slight Noises . . .*
404	COULEUR DE TERRE EARTH COLOR
414	Notes

INTRODUCTION

The oeuvre of Philippe Jaccottet (b. 1925) can be summed up in a word that in our day has a quaint ring to it: "quest." His poems, his percipient essays on modern poetry, indeed the very poets whom he has chosen to translate (notably Friedrich Hölderlin and Rainer Maria Rilke, but also Osip Mandelstam, Luis de Góngora and Giuseppe Ungaretti) all illustrate the Swiss poet's lifelong attempts to commune with elusive spiritual mysteries which are situated nearly beyond the grasp of language, yet which, to his mind, permeate every element of our world. Evoking peonies in *Après beaucoup d'années* (After Many Years, 1994), Jaccottet characteristically points out that the contemplated flowers "dwell in another world at the same time as this one; this is precisely why they slip away from you, obsess you." And his life-work similarly charts his endeavors (and failures) to create in himself a readiness for—a receptivity to—those unpredictable, fleeting instants in which an *ailleurs* or "elsewhere" becomes perceptible and, as he puts it, is "linked to" the blossom or cloud or mountain peak before his eyes. Although a propensity to self-doubt sometimes engenders a pessimistic materialism whose only horizon is death and annihilation (his writings obsessively return to these themes), he is simultaneously troubled by persistent "positive" intimations that there is "something between things / like the space between the linden and the bay-tree, in the garden." Jaccottet is in this respect an emblematic figure among those invigorating and profound post-war French poets (including Yves Bonnefoy, Pierrre-Albert Jourdan, and André du Bouchet) who have never relinquished their ontological and (one must say) spiritual, though not necessarily Christian, presentiments; their hopes of glimpsing or experiencing what Bonnefoy in particular calls *présence*: transcendence suddenly, ephemerally, incarnated in the here and now. The poet thus seeks a reconciliation—however brief—with Being, all the while remaining deeply concerned (like many French writers of his generation) with the limitations of subjectivity and with the conditions under which writing becomes a philosophically legitimate activity.

In a poet so desirous of light and lucidity, it is not surprising that shadows and other dark symbols permeate the earliest manifestations of his vision. A fair sampling of the first two decades of his output can be gleaned in *Poésie 1946–1967*, a paperback volume that groups together his first collections: *L'Effraie* (The Barn Owl, 1954), *L'Ignorant* (The Ignoramus, 1958), *Airs* (Airs, 1967), as well as the initial, but not the final, version of the very important *Leçons* (Learning, 1977), written in 1966–7. Rarely has a writer expressed so exactly and frequently his precocious horror of death as well as his anxiety whenever he must face up to his estrangement from the simplest manifestations of nature. From these recurrent confrontations have arisen the central questions of his work: is this ontological alienation permanent? Is the malaise ensuing from it, incurable?

In a second paperback selection, *À la lumière d'hiver* (To Winter Light, 1977), Jaccottet summarizes in several poems his search for "that / which nothing measures, so that it still / will be possible to love light / or at least to understand it, / or simply, still, to see it / light, as the earth gathers it in, / and not just its ashen remains." These and other lines (evoking "the unique uncrossable space" or an intuited "place beyond all distance") constitute Jaccottet's credo—that one can "perhaps" cross such a "space," arrive at such a "place"—and complement the aesthetic ideas, based partly on a critique of the Irish poet A. E., expounded in *La Promenade sous les arbres* (The Stroll Under the Trees, 1980). Writing is not an end in itself in Jaccottet's ars poetica, but rather a tool, a guide—a sort of "ear tended"— which in turn directs readers toward "echos of voices" that are "more real" than those they commonly hear; assuming, as he stipulates in *After Many Years*, that one does not forget, when listening to the rushing mountain waters, that "it is not a voice, despite appearances; it is not words; it is not "poetry". . . It is water jostling the rocks, and I will have dipped my hands in it." Like Francis Ponge, Jaccottet founds his quest for potential transcendent meaning on a profound respect for the humblest "things."

The emotions associated with his writing are thus those of his quest's progress: ceaseless dissatisfaction, rigorous scepticism, painstaking scrutiny, mustered perseverance, restored expectation. He does not content himself with mere thoughts of remote yet neighboring "elsewheres," or of the utter strangeness of the natural phenomena enveloping him; he aspires to "cross thresholds." Doors are typically—and, he adds, "inexplicably"— both "half-open and locked tight." In "La Loggia vide", a moving eulogy included in *After Many Years*, he wishes he could say "follow me" to his deceased friend and open a "hidden door" for her. Yet, he adds, "I myself cannot cross the threshold. I do not know what the door opens onto." Significantly, much of his poetry and prose is grouped into sequences. The last poem or passage of each sequence, such as the unexpectedly amorous "Toi cependant" of *Learning* or the optimistic last line ("Simply listen: the closed door has opened") of "Le Mot joie," often cast new perspectives on the verse or prose that has preceded it.

Rarely, however, are single poems memorable in their entirety. Yet Jaccottet's intricately organized sequences, charting an incessant process of doubt and reconsideration, of reassessment and renewed aspiration, form compelling narratives. Qualifiers like "trembling," "wavering," "perhaps" and "probably," as well as verbs conjugated in conspicuous conditionals, evoke the second-thoughts preventing him from affirming, acquiescing, believing—and thus "arriving" at the envisioned *lieu*. "I can no longer speak except through fragments similar / to stones you have to lift by their shadowy part," he moreover admits, and the fragmentary quality of the poetic forms he adopts for his philosophic purposes indeed reflects the studied inconclusiveness and tentativeness of his Weltanschauung. His style too, in its rejection of smoothness and exquisiteness, maps the leaps and hesitations of his thought. His writing can even border on a sort of cumbersome naturalness (when laden with disaffirming adverbs and adjectives), whereas elsewhere it grows quick and sober as the poet deftly captures, with haiku-like rapidity, a "a brief thing, after a few steps outside." In both cases, Jaccottet aspires, as he once phrased it with respect to Hölderlin's accomplishment, to record "a murmur while waiting for the dawn, a sort of hesitant personal prayer to very distant gods."

Turning uncertainty into a literary virtue, Jaccottet brings opposites into a fragile, complex equilibrium. Thinking about distance and measurement, for instance, leads him to the conclusion that rulers are to be shattered over knees; yet he will measure anew. His desire to "stand up straight with the invisible" must necessarily incorporate the visible. If heaven exists, or so these juxtaposed antinomies suggest, then surely it begins on earth. Moreover, "le Plus Haut," as he terms his "goal" in *Cristal et fumée* (Crystal and Smoke, 1993), a collection of travel meditations on Spain, Greece and Egypt, is best sought in modest corners—notably in the one's garden. And these texts, especially the one on Greece, clarify Jaccottet's ambivalent relationship to classical learning, indeed to culture in general; they suggest why several of the literary or artistic allusions in *After Many Years* are set off in parentheses. In a similar manner, he sometimes almost excuses himself, in *Crystal and Smoke*, for taking a schoolboy's delight in verifying his literary and mythological knowledge. Vast reading, he makes clear, is both a help and a hindrance on his spiritual journey.

Nonetheless, it is useful to think of Jaccottet as an ancient Greek empiricist who also aspires to be a seer. Sense perceptions are accordingly received like omens whose messages can be grasped only beyond language. The cries of birds flying overhead offer a "reply"; but the very act of formulating this thought breaks off the instantaneous communion. "They are already saying something else or remaining silent," confesses the poet in *Pensées sous les nuages* (which was first published in 1983 and which Mark Treharne has rendered as *Under Clouded Skies*). "I go on, I am surprised, and I can say nothing more." Jaccottet looks upwards as often as he does downwards, and air, earth, fire and water are permuted in a way that gives his work, not only a pagan ambience, but also a tightly knit unity.

From the 1950s to the 1970s, Jaccottet earned his living as a translator and as an active, often weekly book reviewer for a variety of publications, including the *Nouvelle Revue de Lausanne* and the *Gazette de Lausanne*. The quantity of his journalistic output alone attests to his industry, but in addition his articles are models of insight and fair-mindedness. Of equal importance, and often touching, is the gratitude expressed to fellow writers for what they have accomplished. *Ecrits pour papier journal* (Newspaper Copy, 1994) gathers fifty-four of his contributions. Besides the essays on twentieth-century authors who deserve to be much better known (André Dhôtel, Charles-Albert Cingria and his own mentor, the Swiss prose poet Gustave Roud), it is enlightening to read Jaccottet's vivid reactions to the first novels of Michel Butor and Alain Robbe-Grillet. His analyses of contemporaneous works by Nathalie Sarraute are likewise marked by a deep concern to understand writing quite different from his own. This volume is also invaluable as a source of the poet's own stylistic and aesthetic aspirations. Whether mentioning a landscape by Poussin which "ceases to be scenery and becomes a presence" or referring to Alfred Kubin's "intense perception of the 'other side' of reality" or pointing out that, as in Büchner, poetry begins when we, like Woyzeck, begin to "stammer," Jaccottet reveals the criteria by which he presumably appraises his own work.

Tout n'est pas dit (Not All has been Said, 1994), a more *intimiste* and often quite charming collection, gathers forty-one of the sixty-odd vignettes and reviews that Jaccottet published in the *Feuille d'avis de la Béroche*, a exceedingly local Swiss publication (Saint-Aubin, in the canton of Neuchâtel) printed and edited by his father-in-law, Louis Haesler. (In his introduction, Jaccottet discloses that *Learning* was inspired by his father-in-law's last days.) Although the poet once again writes enthusiastically about favorite authors (there are especially good pieces on Marcel Arland and Giorgio Bassani), he turns more often to daily vicissitudes, to travel, to science and to the seasons. A few character sketches (of a charwoman, a North-African Jew who is the victim of a racial incident during the Algerian War, or a lady talking in a grocery shop) show Jaccottet to be a sharp observer of others, a side rarely seen in his literary writings. And several generalizations draw secret self-portraits, such as when he remarks that "the secret truth of the world is fleeting, and it is possible that you never cease in your pursuit of it, sometimes getting closer, more often distancing yourself from it once again."

Is Jaccottet nearing that secret truth? His recent writings are marked by still greater simplicity and self-effacement. "Make no mistake," he notes in *Cahier de verdure* (Notebook of Greenery, 1990), "It was not I who traced all these lines, / but rather, on a given day, an egret or the rain, / on another, an aspen, / provided that a beloved shadow cast light on them." Sometimes even the half-open yet simultaneously locked doors have disappeared. "I no longer want labyrinths," he declares in *After Many Years*, "not even a door: / just a corner post / and an armful of air." A crucial early observation ("If you were less afraid, / you would no longer cast shadows on your steps") has been tellingly transformed. Now Jaccottet repeatedly hopes that his shadow will not be cast on the earthly objects he is gazing at; he desires to leave no footprints in the garden mud. This gentle withdrawal of his subjectivity from the world seems to have led to a certain serenity, as if the self were no longer felt to be a high wall, but more like a thin veil, still screening the poet off from Being.

First published in 1970, then revised in 1976, *Paysages avec figures absentes* offers keys to this evolution. In fourteen self-elucidating prose pieces (carefully translated by Treharne as *Landscapes with Absent Figures*), Jaccottet grapples with his recurrent obsessions: the omnipresence of death, man's ontological separation from the cosmos, the possibilities of hope nevertheless. The landscapes in question lie near the Swiss poet's home in the Drôme (where he has lived since 1953), or in Italy. Yet more than commemorating specific places, Jaccottet tries to grasp what—or "who"— remains "absent" or "eludes" him whenever he scrutinizes nature. Guided by Rilke and especially Hölderlin (whose evolving vision he analyzes with moving insights), the poet investigates the "absence" of metaphysical "figures" such as the pagan gods and the Christian God.

Jaccottet thus discusses what his sparse poetry elsewhere sharply records: barely-perceived "glimmers" of "another world" possibly contiguous to or infusing our own. These "glimpses" lead him to the brink of wonder, but also to the limits of language. Ever doubting the validity of these mystical moments, Jaccottet describes his struggle to translate them into poetry. As is already evident in the first volume of his journal, *Observations et autres notes anciences, 1947–1962* (Observations and Other Old Notes, 1998), he initially tends to see death's inscription on every "thing"; yet he ultimately learns to give credence to his poetic experience, which induces affirmation. Writing poetry—the "least uncertain" of all his "uncertainties"—suggests to him that "there *is* something unknown, something evasive, at the origin of things, at the very center of our being." The compelling final essay develops the idea that poetry is akin to "a glimpse of the Highest," to a "mirror of the heavens." Choosing to follow this somewhat uncharacteristic vertical "direction" (for Jaccottet typically emphasizes the horizontal, the lowly), he concludes with a near-Christian wish. The "highest hope," he observes, would indeed be that the "whole sky were really a gaze." His intellectual honesty forces him to leave the matter there and, characteristically, he sets in humble parentheses this almost whispered desire for some sort of divine benevolence.

Four decades later, the third and latest installment of his notebooks, *Carnets 1995–1998* (2001) continues to show how carefully Jaccottet observes nature; many of his brief descriptions rival in deftness the vivid, fleeting images of haiku: "This morning in the garden, all the irises shine like light blue lanterns. Blue lamps in the blue light. Water lanterns." And elsewhere he notes this troubling analogy: "Evening: a mountain, or a rose blossom, fully open, and ice cold." His three published notebooks form a series called *La Semaison* (Seedtime). Taking notes "sows seeds," which in turn sprout into the poems and (increasingly frequent) prose texts. When perusing these latest notebooks, which also record troubling dreams, as well as his recent prose pieces, one sees how fruitful contradictions provoke Jaccottet's creativity. Exceedingly well-read, a polyglot, an accomplished *homme de lettres*, he aspires at the same time to divest his work of all superficial intellectuality. His self-admonishments are sharp. "What about all these unlimping, unfractured, unstuttering, unasthmatic sentences?" he asks in *Et, néanmoins*, (And, Nonetheless, 2001). "They seem to weave themselves together all by themselves in order to keep me from seeing anything else."

For Jaccottet, "seeing" defines less an innate "talent" than the poet's primary responsibility, a task that must be pursued with scrupulous honesty, whatever the personal or literary costs. A skeptic whenever confronted with stylistic smoothness, especially his own (rather like Samuel Beckett, who once quipped that he wrote in French because it was too tempting for him to poeticize English), Jaccottet crafts language into mirroring not only his perceptions but also the telling doubt that accompanies them. This stylistic intention perhaps explains his increasing use of prose (as opposed to poetry), which in his hands becomes a strikingly flexible medium, open to conspicuous conditional verb tenses, disaffirming conjunctions, and parenthetical reassessments. Jaccottet's "honesty"—so inspiring to younger writers—expresses itself in this technical intrepidity, which is no less than an uncompromising search for truth.

Yet linking style to the frailties and fluctuations of sensibility sometimes brings Jaccottet to the brink of the ineffable. Studying the colors of dusk, for instance, he concludes in significant parentheses: "(Never will I be able to tell you what I glimpsed, like a sentence written on a pane of glass and erased too quickly)." Despite this acknowledgment of language's impotence, he admits that the urge to write piques him anew every time that it "begins again": "the wonder, the astonishment, the bewilderment; the gratitude as well." These positive emotions coexist, in his writing, with an underlying pessimism—another contradiction giving impetus to his quest. In the short-prose sequence "Notes from the Ravine" (first published as a Fata Morgana volume in 2001, then reissued by Gallimard as a section of *Ce peu de bruits*, These Slight Noises, in 2008), the sight of a mere "tree brightened by the low sun at the end of autumn" is an "unexpected gift" for which one should be thankful. This attitude is as typical of Jaccottet as are his grim meditations on death. In dark moments, an unexpected up-surging of gratitude restores his faith in the crafting of language; in the process, poetry can validly convey half-pagan, half-Christian supplications once again. In one poem, he notably beseeches a "January day" to "open [its] eyes a little wider . . . , / to open [its] door a little more, / so that we can at least dream that we slip through." Gratitude combats a relentless adversary: the poet's horror at the specter of nothingness.

Like Rilke, Jaccottet's desire to focus on the simplest things implies an extraordinary struggle between objectivity and subjectivity. A kingfisher, he asserts in *And, Nonetheless*, is one of those "things that speak to you without wishing to speak to you, that have not the slightest concern for you, that no god could turn into his messengers." Of course, denying the existence of gods or angel-like harbingers presupposes their existence, at least in the mind. Correspondingly, Jaccottet often cautions himself against his own metaphysical inclinations, which incite him to perceive potential transcendence wherever he looks. Perhaps, he characteristically wonders, ephemerality more truthfully sums up the essential attribute of "what is." "Look, do not aim," he advises. "Gather only the flash of feathers among the reeds and willows." The same volume "approaches" other common natural entities such as violets, wild carrots, robins and bindweed. From vivid aphoristic phrases to more ample descriptions, Jaccottet seeks to spiral in on what, by definition, cannot be grasped: nature's potential to transport us "elsewhere." Lowly violets, he claims, open paths. To a "beyond"? This question ever haunts him.

Clearly, both Oriental philosophies and his Protestant upbringing have marked his vision. Running through his work is the idea of a "grace" descending upon the attentive or willing poet, a quasi-divine act here re-envisioned as a reward for the poet's receptiveness to Nature. One might even call Jaccottet's contempt for rhetorical effects "puritan," as he endeavors to strip his propensity for romanticism—the inclination to exalt—of all but the barest metaphysical essentials. The gentle, haiku-like, touches that he increasingly favors are frequently offset by a deep-running, all-too-European, anxiety.

His most recent books carry on Jaccottet's search to pinpoint what we should value most preciously, in the face of the annihilation wrought by death. As in earlier works, his pessimism remains bleak. Yet Jaccottet is by no means single-minded; he can invert the perspective. A murmured wish or a tentative aspiration (often associated with lumière / "light" or one of its synonyms) re-establishes one of those fragile ambivalences that make his writing so genuinely and movingly reflect the human condition: the way all of us grapple with hope and inevitable doom. In "Notes from the Ravine," whose very title designates the despair of man's ultimate destination, he describes a sunset illuminating a snowy mountain top, then remarks that it is like a "lamp that we should never let burn down and out, behind us."

*

Translated and studied throughout continental Europe as one of the most essential contemporary poets, Jaccottet has been strangely ignored in the United States. This neglect has persisted for over three decades and, for more than ten years, everywhere else in the English-speaking world. The situation might well have been otherwise. Cid Corman produced a volume of translations, *Breathings* (Mushinsha-Grossman), as early as 1974. One characteristic aspect of the Swiss poet's literary approach—his notebook writing—then became available in 1977 when New Directions issued André Lefevere and the British poet Michael Hamburger's version, *Seedtime: Extracts from The Notebooks 1954–67*. Yet no American translations of Jaccottet's early verse or path-breaking poetic prose followed suit, at least in book form. As to his work published in France since the 1990s, next to nothing has been translated anywhere. Earlier Irish and British renderings had been finely done, notably by Derek Mahon (*Selected Poems*, Penguin, 1988), David Constantine and Mark Treharne (*Under Clouded Skies / Beauregard*, Bloodaxe, 1994), and Treharne alone (*Cherry Tree*, Delos, 1992; *Landscape with Absent Figures*, Menard / Delos, 1997; *Learning*, Delos, 2001). But with the exception of "Cherry Tree," a key prose text first collected in French in *Cahier de verdure* and offered here in a different version, these titles represent translations of writings—some quite short—that were published in France between the 1950s and the early 1980s.

During the past two decades, Gallimard has brought out four important books that form what might be termed a retrospective introduction to this deep-probing oeuvre. With increasing sparseness and emotional commitment, Jaccottet continues to explore the mountainous landscapes, countryside, plant life, common birds, streams and other natural elements near Grignan, to question what he sees and especially what he would like to believe or hope while he is looking at "things of beauty," and to ponder the possibilities or, rather more often, impossibilities of getting beyond the "threshold" or horizon formed by the utter materiality of the natural world. He meditates on death constantly, but also records unexpected moments when he senses amazement, enchantment, or even what almost seems to be "joy." Intentionally circumspect, he indeed depicts outside reality with uncanny vividness. A delicate eroticism is also woven into some of his perceptions of natural phenomena; in light of his recent work, this propensity can no longer be underestimated.

It is therefore high time to bring this subtle, skeptical, yet also earnest poet back into English-language discussions of world literature. To this end, I have entirely rendered two books, *Cahier de verdure* and *Et, néanmoins* as well as nearly all of a third volume, *Ce peu de bruits*. From the latter, I have left out the obituaries that Jaccottet wrote for ten friends, only two of whom—the poet-novelist Louis-René des Forêts and the poet André du Bouchet—would be known to American readers; and I have likewise omitted a few pages devoted to Peter Handke, Franz Kafka, Senancour, Giacomo Leopardi, and the Japanese poet Saigyo. As to *Après beaucoup d'années*, the five prose pieces—among Jaccottet's finest—deepen themes evoked in the other books, with "The Empty Loggia" offering an atypical, more personal, view of the writer mourning the accidental death of a friend.

Two Fata Morgana chapbooks, *Nuages* (Clouds, 2003) and *Couleur de terre* (Earth Color, 2009), have also been added—the former because of its commentary on a passage found in Henry David Thoreau's *Walden*. Much more engaged with the literatures of the languages that he has translated (German, Italian, Spanish, and ancient Greek), Jaccottet has rarely reacted to English-language poetry. But here he also makes exceptions for John Keats and Gerald Manley Hopkins. The latter's line "as kingfishers catch fire, dragonflies draw flame . . ." inspires the writer twice. And he quotes elsewhere, without commentary, two quatrains by Emily Dickinson that reflect his own preoccupation with Christian and pantheistic ways of considering Nature.

Let me express my gratitude to Sonia Raiziss Giop Charitable Foundation, which awarded me a grant in 2009 to translate the recent writings of Philippe Jaccottet. I would also like to thank the Pro Helvetia Foundation and the Übersetzerhaus Looren, in Switzerland, for inviting me to a translation workshop, on Philippe Jaccottet and Nicolas Bouvier, in November 2010. In this regard, let me specifically thank Gabriela Stöckli, Zorka Ciklaminy, Marion Graf, and Elisabeth Edl (who is Jaccottet's German co-translator). The poet and Jaccottet scholar, José-Flore Tappy, provided much help as this manuscript was nearing completion. As ever, Françoise Daviet-Taylor constantly pointed out nuances in one of the most nuanced prose styles in contemporary French literature. Above all, I would like to thank Philippe Jaccottet for his kindness, encouragement, and innumerable specific replies to questions of all kinds, ranging in subject matter from semi-colons and the French pronoun "on" to the philosophical underpinnings of these remarkable writings.

John Taylor
Saint-Barthélemy d'Anjou
November 30, 2010

CAHIER DE VERDURE

NOTEBOOK OF GREENERY

Le cerisier

The Cherry Tree

Je pense quelquefois que si j'écris encore, c'est, ou ce devrait être avant tout pour rassembler les fragments, plus ou moins lumineux et probants, d'une joie dont on serait tenté de croire qu'elle a explosé un jour, il y a longtemps, comme une étoile intérieure, et répandu sa poussière en nous. Qu'un peu de cette poussière s'allume dans un regard, c'est sans doute ce qui nous trouble, nous enchante ou nous égare le plus ; mais c'est, tout bien réfléchi, moins étrange que de surprendre son éclat, ou le reflet de cet éclat fragmenté, dans la nature. Du moins ces reflets auront-ils été pour moi l'origine de bien des rêveries, pas toujours absolument infertiles.

Cette fois, il s'agissait d'un cerisier ; non pas d'un cerisier en fleurs, qui nous parle un langage limpide ; mais d'un cerisier chargé de fruits, aperçu un soir de juin, de l'autre côté d'un grand champ de blé. C'était une fois de plus comme si quelqu'un était apparu là-bas et vous parlait, mais sans vous parler, sans vous faire aucun signe ; quelqu'un, ou plutôt quelque chose, et une « chose belle » certes ; mais, alors que, s'il s'était agi d'une figure humaine, d'une promeneuse, à ma joie se fussent mêlés du trouble et le besoin, bientôt, de courir à elle, de la rejoindre, d'abord incapable de parler, et pas seulement pour avoir trop couru, puis de l'écouter, de répondre, de la prendre au filet de mes paroles ou de me prendre à celui des siennes — et eût commencé, avec un peu de chance, une toute autre histoire, dans un mélange, plus ou moins stable, de lumière et d'ombre ; alors qu'une nouvelle histoire d'amour eût commencé là comme un nouveau ruisseau né d'une source neuve, au printemps — pour ce cerisier, je n'éprouvais nul désir de le rejoindre, de le conquérir, de le posséder ; ou plutôt : c'était fait, j'avais été rejoint, conquis, je n'avais absolument rien à attendre, à demander de plus ; il s'agissait d'une autre espèce d'histoire, de rencontre, de parole. Plus difficile encore à saisir.

Le sûr, c'est que ce même cerisier, extrait, abstrait de son lieu, ne m'aurait pas dit grand-chose, pas la même chose en tout cas. Non plus si je l'avais surpris à un autre moment du jour. Peut-être aussi serait-il resté muet, si j'avais voulu le chercher, l'interroger. (Certains pensent que « le ciel se détourne » de ceux qui le fatiguent de leur attente, de leurs prières. Si l'on prenait ces mots au pied de la lettre, quel grincement de gonds cela ferait à nos oreilles . . .)

I sometimes think that the main reason why I continue to write is, or above all should be, to gather the more or less luminous and convincing fragments of a joy that—so it would be tempting to believe—exploded long ago inside us like an inner star, scattering its dust all around. Whenever a little of this dust twinkles in a gaze, this is probably what disturbs, enchants, or misleads us the most; yet after careful consideration, this is less strange than to chance upon the sparkle, or a mere reflection of this fragmented sparkle, in nature. In any event, such reflections have initiated many of my reveries, not all of which have been entirely fruitless.

This time it was a cherry tree; not a blossoming cherry tree, which always speaks clearly to us, but rather a fruit-laden one that I glimpsed one June evening on the far side of a vast wheat field. Once again, it was as if someone had appeared over there and was speaking to you without actually doing so and without making the slightest sign; someone, or rather something, and indeed a "thing of beauty." Had it been a human figure, a woman walking there, a feeling of turmoil would have mingled with my joy, soon followed by the urge to run over to her, to join her (at first remaining unable to speak, and not only because I had run too fast and too far), and then to listen to her, respond, capture her in the net of my words and let myself be caught in hers—and with a little luck a completely new story would have begun, with more or less stable shares of light and shadow; that is, a new love story might have sprung up over there like a new stream flowing from a fresh source in springtime. For the cherry tree, however, I felt no desire to join it, win it over, possess it; or rather, this had already happened: I had been joined, won over, and I had absolutely nothing more to expect or ask for; it was another kind of story, encounter, and speech. And thus was even more difficult to grasp.

What is certain is that this same cherry tree removed or abstracted from its spot would have meant little to me, or at least not the same thing. Nor if I had chanced upon it at another time of day. Perhaps, moreover, it would have remained silent if I had intentionally sought it out, questioned it. (Some people believe that "Heaven turns away" from those who tire it with their expectations and prayers. If these words were taken literally, what a creaking of door hinges would grate our ears . . .)

J'essaie de me rappeler de mon mieux, et d'abord, que c'était le soir, assez tard même, longtemps après le coucher du soleil, à cette heure où la lumière se prolonge au-delà de ce qu'on espérait, avant que l'obscurité ne l'emporte définitivement, ce qui est de toute manière une grâce ; parce qu'un délai est accordé, une séparation retardée, un sourd déchirement atténué — comme quand, il y a longtemps de cela, quelqu'un apportait une lampe à votre chevet pour éloigner les fantômes. C'est aussi une heure où cette lumière survivante, son foyer n'étant plus visible, semble émaner de l'intérieur des choses et monter du sol ; et, ce soir-là, du chemin de terre que nous suivions ou plutôt du champ de blé déjà haut mais encore de couleur verte, presque métallique, de sorte qu'on pensait un instant à une lame, comme s'il ressemblait à la faux qui allait le trancher.

Il se produisait donc une espèce de métamorphose : ce sol qui devenait de la lumière ; ce blé qui évoquait l'acier. En même temps, c'était comme si les contraires se rapprochaient, se fondaient, dans ce moment, lui-même, de transition du jour à la nuit où la lune, telle une vestale, allait venir relayer le soleil athlétique. Ainsi nous trouvions-nous reconduits, non pas d'une poigne autoritaire ou par le fouet de la foudre, mais sous une pression presque imperceptible et tendre comme une caresse, très loin en arrière dans le temps, et tout au fond de nous, vers cet âge imaginaire où le plus proche et le plus lointain étaient encore liés, de sorte que le monde offrait les apparences rassurantes d'une maison ou même, quelquefois, d'un temple, et la vie celles d'une musique. Je crois que c'était le reflet très affaibli de cela qui me parvenait encore, comme nous parvient cette lumière si vieille que les astronomes l'ont appelée « fossile ». Nous marchions dans une grande maison aux portes ouvertes, qu'une lampe invisible éclairait sourdement ; le ciel était comme une paroi de verre vibrant à peine au passage de l'air rafraîchi. Les chemins étaient ceux d'une maison ; l'herbe et la faux ne faisaient plus qu'un ; le silence était moins rompu qu'agrandi par l'aboi d'un chien et les derniers faibles cris des oiseaux. Un vantail plaqué d'une mince couche d'argent avait tourné vers nous son miroitement. C'est alors, c'est là qu'était apparu, relativement loin, de l'autre côté, à la lisière du champ, parmi d'autres arbres de plus en plus sombres et qui seraient bientôt plus noirs que la nuit abritant leur sommeil de feuilles et d'oiseaux, ce grand cerisier chargé de cerises. Ses fruits étaient comme une longue grappe de rouge, une coulée de rouge, dans du vert sombre ; des fruits dans un berceau ou une corbeille de feuilles ; du rouge dans du vert, à l'heure d'une lente et silencieuse apparence de métamorphose, à l'heure de l'apparition, presque, d'un autre monde. L'heure où quelque chose semble tourner comme une porte sur ses gonds.

Let me try to remember as well as I can; first, that it was evening, even rather late, long after sunset, at that moment when the light has lingered longer than you had expected and the darkness has not definitively gotten the upper hand. In all cases, this is a moment of grace: a reprieve has been granted, a separation put off a little longer, a muted sense of loss attenuated—as when, now long in the past, someone would bring a lamp to your bedside to ward off ghosts. It is also a moment when this surviving light, its source no longer visible, seems to emanate from inside things and rise from the ground; and on that evening, rise from the dirt path on which we were walking or, rather, from the already tall wheat that was nonetheless still green and almost metallic in color so that we momentarily imagined a blade, as if the field were the very scythe that would reap it.

A kind of metamorphosis was taking place: the ground was becoming light, the wheat was looking like steel. At the same time, it was as if these opposites were nearing each other, then coming together, at a moment that is itself a transition between day and night as the moon, like a vestal virgin, takes over from the athletic sun, as in a relay. We thus found ourselves led, not by an authoritative grip or the thunderous crack of a whip of lightning but rather by an almost imperceptible, tender, caress-like pressure, way back in time and deep inside ourselves toward that imaginary age when what is nearest and what is farthest remained linked in a way that made the world reassuringly seem to be a house or even, sometimes, a temple, and life a kind of music. I believe that it was the faintest reflection of this that was still reaching me, even as what astronomers call ancient "fossil light" also reaches us. We were walking in a big house with open doors, dimly lit by an invisible lamp; the sky was like a glass wall that barely quivered whenever breaths of cooling wind blew by. The paths belonged to a house; the wheat and the scythe had become one; the silence was less broken than deepened by the barking of a dog and the last faint chirps of birds. A door panel plated with a thin film of silver had turned its shimmering mirror toward us. It was then, and there, that the big fruit-laden cherry tree had appeared fairly far away, just beyond the wheat field, among other trees that were getting darker and soon would be darker than the night sheltering their slumber of leaves and birds. Its cherries were like a long cluster of red, a flow of red, within dark green; cherries in a cradle or a basket of leaves; red within green at that moment when things slip into each other, when there is a slow and silent semblance of metamorphosis, when another world almost seems to appear. A moment when something seems to turn like a door on its hinges.

Que pouvait être ce rouge pour me surprendre, me réjouir à ce point ? Sûrement pas du sang ; si l'arbre debout sur l'autre bord du champ avait été blessé, avait eu le corps ainsi taché, je n'en aurais éprouvé que de l'effroi. Mais je ne suis pas de ceux qui pensent que les arbres saignent, et qui s'émeuvent autant d'une branche coupée que d'un homme meurtri. C'était plutôt comme du feu. Rien ne brûlait pourtant. (J'avais toujours aimé les feux dans les jardins, dans les champs : c'est à la fois de la lumière et de la chaleur, mais aussi, parce que cela bouge, se démène et mord, une espèce de bête sauvage ; et, plus profondément, plus inexplicablement, une sorte d'ouverture dans la terre, une trouée dans les barrières de l'espace, une chose difficile à suivre où elle semble vouloir vous mener, comme si la flamme n'était plus tout à fait de ce monde : dérobée, rétive, et par là même source de joie. Ces feux brûlent encore dans ma mémoire, il me semble, en ce moment même, que je passe près d'eux. On dirait que quelqu'un les a semés au hasard dans la campagne et qu'ils se mettent à fleurir tous à la fois, avec l'hiver. Je ne puis en détacher les yeux. Est-ce que, sans même y penser, je sais qu'ils se nourrissent, en crépitant, de feuilles mortes ? Ce sont des arbres brefs que le vent secoue. Ou des renards, compagnons fauves.)

Mais ce rouge là-bas ne brûlait pas, ne crépitait pas ; ce n'était même pas de la braise, comme il en reste, éparse, dans les lointains, à la fin du jour. Au lieu de monter comme les flammes, cela coulait ou pendait, une grappe, des pendeloques de rouge, ou de pourpre ; dans l'abri des verdures très sombres. Ou tout de même, parce que cela éclairait et réchauffait, parce que cela semblait venir de loin, faut-il dire que c'était comme du feu suspendu, qui ne déchirerait ni ne mordrait, qui serait mêlé à de l'eau, contenu dans des sortes de globes humides, adouci, dompté ? Comme une flamme dans une veilleuse de verre ? Une grappe de feu apprivoisé, marié à de l'eau nocturne, à de la nuit en formation, imminente mais pas encore advenue ?

Une douceur sans limites frémissait sur tout cela comme un souffle d'air, fraîchissant à l'approche de la nuit. Je crois que notre écorce, plus rugueuse d'année en année, s'est assouplie pendant quelques instants, comme la terre dégèle et laisse l'eau nouvelle sourdre à sa surface.

What was this red that startled and delighted me to this extent? Surely not blood; if the tree standing on the far side of the field had been wounded and its body bloodstained, I would have felt only fright. But I am no believer in trees that bleed, nor am I as moved by a broken branch as by a wounded man. This was more like fire. Yet nothing was burning. (I had always loved fires burning in gardens and fields: because fire brings light and heat all at once, but also because it is a sort of wild animal darting about, raging, biting; and more deeply and inexplicably because it makes a kind of opening in the earth, a breach in the barriers of space, beckoning you along a path that is difficult to follow as if the flames were no longer fully of this world: at one remove, restive, and thereby a source of joy. Those fires are still burning in my memory; I have the impression that I am walking past them at this very moment. It is as if someone had sown them at random around the countryside and, with winter, they had begun blooming all at once. I cannot take my eyes off them. Is it because I somehow know that crackling fires feed on dead leaves? They in turn become short-lived, wind-beaten trees. Or foxes, their tawny companions.)

But that red across the field was not burning, nor crackling; it was not even like the embers that remain scattered in the distance at the end of day. Instead of rising in flames, it flowed or hung; a cluster; red or crimson pendants; sheltered within very dark greenery. And yet, because the red was emitting light and warmth, and seemed to come from afar, should one say that it was like fire hanging over there, neither tearing nor biting but rather blended with water, and that, now tame and softened, it was contained in moist globes? Like a flame in a glass nightlight? A cluster of tame fire wedded to the water of the night, to night in the process of forming, to night falling but not yet fallen?

There was a tremor of immeasurable mildness hovering over all this like a refreshing breath of wind at nightfall. I believe that our own bark-like surface, which gets rougher as the years go by, momentarily softened, even as soil thaws and lets fresh water well up to the surface.

Il y avait un lien des feuilles avec la nuit et la rivière plus lointaine, que l'on n'entendait pas ; il y en avait un des fruits avec le feu, la lumière. Ce qui nous avait arrêtés et semblait nous parler sur l'autre bord du champ froissé par le vent comme une rivière pâle, ressemblait un peu, sans cesser d'être un cerisier chargé de fruits dont, en approchant, j'aurais pu reconnaître la variété — de même que rien autour de nous ne cessait d'être chemin, champs et ciel —, à un petit monument naturel qui se serait trouvé soudain éclairé en son cœur par l'huile d'une offrande, une sorte de pilier mais capable de frémir, même si à ce moment-là il paraissait absolument immobile — orné, pour une remémoration, d'une grappe de fruits, de feu apprivoisé ; si bien qu'à sa vue, alors qu'on avait cru seulement marcher sur les chemins trop familiers, tout changeait, tout prenait un sens différent, ou un sens tout court ; ainsi, quand un chant s'élève dans une salle, ou une simple parole, pas n'importe laquelle toutefois, dans une chambre, ce sont toujours la même salle, la même chambre, on n'en est pas sorti, pas plus qu'on n'a cessé d'être en proie au minutieux travail du temps destructeur, et néanmoins quelque chose d'essentiel semble avoir changé. Ce soir-là, peut-être que, sans en prendre conscience, je sentais que du temps, des heures pendant lesquelles moi-même j'avais vécu, c'est-à-dire du jour, mais aussi de la nuit, avaient pénétré lentement dans ces fruits pour les arrondir et finalement les empourprer ; qu'ils contenaient en suspens tout cela, eux-mêmes suspendus dans leur abri de feuilles, comme couvés par ces ailes vertes, mais bientôt noires et plus noires que le ciel au bas duquel elles frémissaient, dans leur sommeil, à peine . . .

J'aurais été mieux avisé d'aller cueillir ces fruits, pensera-t-on, et de ne pas faire tant de cérémonies. Mais je sais aussi les cueillir, j'aime leur éclat en plein jour, leur rondeur de joues saines, leur goût parfois acide, parfois aqueux, leur écarlate. C'est une autre histoire, simplement : dans la chaleur du jour, en plein soleil, avec vite un désir de mordre dans d'autres fruits, des échelles où ce ne sont pas des anges qui montent vers le ciel éblouissant de ce début d'été, mais beaucoup mieux que des anges . . .

Une couleur dans une autre, à un moment de passage, où l'on passe un relais — l'athlète solaire à la vestale qui semble plus lente que lui — ; comme un cœur, comme le Sacré-Cœur du Christ sur les images saintes ?

The leaves were linked to the night and the river farther on, which could not be heard; and the cherries to fire, to light. What had stopped us and seemed to speak to us from the far side of the wheat field that was now ruffled into a pale river by the wind, somewhat resembled—without ceasing to be a cherry tree laden with fruit of a variety that I could have identified as I approached, even as nothing in our midst ceased to be path, fields, and sky—a small natural monument whose center was suddenly brightened by the flame of burning votive oil; and it also resembled a sort of pillar nonetheless capable of trembling even if at that moment it seemed absolutely still and decorated, for some commemoration, with a cluster of fruit, with tame fire; so that, when we saw the cherry tree and although we had thought that we had been walking on paths that were more than familiar, everything changed, taking on meaning or a different meaning, as when a song rises in a concert hall or some simple words—not just any words, however—are pronounced in a bedroom: the concert hall and the bedroom remain the same and you have not left them, no more than you have ceased being a victim of time and its meticulous destructiveness; nevertheless, something essential seems to have changed. That evening, perhaps I sensed unconsciously that some of the time—the hours, that is the days as well as the nights—during which I had myself lived had slowly slipped into those cherries, rounding them out and finally turning them crimson; that inside them, all this was hanging in suspense, even as they were themselves hanging in their leafy shelter, as if brooded by green wings that would soon blacken, become blacker than the night sky beneath which they barely quivered in their sleep . . .

It would have been more sensible, you will say, for me to go and pick the cherries rather than to make such a fuss about all this. I in fact know how to pick cherries, and I love their sheen in broad daylight, their plump healthy cheeks, their sometimes tart, sometimes watery taste, their scarlet hue. That is simply another story: how on a hot day, in blazing sunlight, you can suddenly feel the desire to bite into new fruit, and those ladders on which it is not angels climbing into the dazzling early-summer heavens, but rather something much better than angels . . .

One color within another, at a moment of transition, in a relay, as when the solar athlete is replaced by the vestal virgin who seems slower; or like a heart, like the Sacred Heart of Christ on holy images?

Le buisson ardent.

Un feu, dans l'abri de ces feuilles, elles-mêmes plutôt couleur de sommeil. Paisibles, apaisantes. Un plumage d'oiseau maternel.
Œufs pourpres couvés sous ces plumes sombres.

Une fête lointaine, sous des arceaux de feuilles. À distance, à toujours plus grande distance.

Tantale ? Oui, si ces fruits étaient des seins. Mais ils n'en sont pas même l'image.

Conseils venus du dehors : certains lieux, certains moments nous « inclinent », il y a comme une pression de la main, d'une main invisible, qui vous incite à changer de direction (des pas, du regard, de la pensée) ; cette main pourrait être aussi un souffle, comme celui qui oriente les feuilles, les nuages, les voiliers. Une insinuation, à voix très basse, comme de qui murmure : regarde, on écoute, ou simplement : attends. Mais a-t-on encore le temps d'attendre, la patience d'attendre ? Et puis, s'agit-il vraiment d'attendre ?
S'est-il rien passé ?

Une flamme entre deux paumes, qu'elle éclaire, tiédit. Une lanterne sourde. Quelle plus belle enseigne, pour une meilleure auberge ? Où il ne serait pas besoin d'entrer pour se sentir à l'abri, pas besoin de boire pour être désaltéré ?

« Au cerisier chargé de fruits. » Bizarre enseigne, quoique belle, et drôle de voyageur, guidé et nourri par des mirages ! N'a-t-il pas l'air un peu hagard, à force, ne te semble-t-il pas amaigri ? Que le vent qui lui rappelle en ce début de nuit d'été d'anciennes caresses forcisse et se déchaîne, j'ai peur qu'il ne puisse lui tenir tête longtemps. On ne se protège pas de l'âge avec des souvenirs ou avec des rêves. Même pas peut-être avec des prières. Mais qui vous a jamais rien promis ? Du moins, plus que ces leurres si beaux qu'ils vous enlèvent le sommeil ? Trop beaux pourtant, continue-t-il presque maniaquement à penser, pour n'être que des leurres.

The burning bush.

A fire in the shelter of those leaves, themselves colored more like sleep. Peaceful, appeasing. The feathers of a mother bird.
Crimson eggs brooded by these dark feathers.

Distant festivities, beneath leafy arches. Remote, ever more remote.

Tantalus? Yes, if those cherries were breasts. Yet they do not even look like breasts.

Advice from the outside world: some places, some moments, "incline" us; you feel a slight pressure from a hand, an invisible hand, prompting you to shift the direction of your footsteps, your gaze, your thoughts; and this hand could also be a breath of wind, as when leaves, or clouds, or sailboats are gently pushed. A hint, in a very soft voice, like someone whispering "look," or "listen," or merely "wait." But do we still have the time to wait, the patience to wait? And is waiting really what is at stake?
Has nothing happened?

A flame cupped in the hands, lighting them, warming them. The dim glow of a lantern. What more beautiful sign, and for what better inn? Where you would not need to enter to sense that you are sheltered, nor drink to quench your thirst.

"At the Fruit-Laden Cherry Tree." What a bizarre yet beautiful name for an inn, and what a strange traveler, guided and fed by mirages! Doesn't he look a bit distraught and seem to have lost weight because of all this? If the wind blowing at the beginning of this summer night and reminding him of past caresses gets any stronger and unleashes itself, I fear that he will not be able to hold out against it much longer. You cannot protect yourself from age with memories and daydreams. Perhaps not even with prayers. But who has ever promised you anything? Anything more, at least, than these illusions, beautiful enough to lure away your sleep? Too beautiful indeed, he continues to muse almost maniacally, to be mere illusions.

Cahier de verdure

Notebook of Greenery

*Rose, soudain comme une rose
apparue à la saison froide.*

*Il n'y a pas de neige,
mais beaucoup d'eau vaillante dans les roches
et des violettes en plein sentier.*

De l'eau verte à cause de l'herbe.

Rose, portière de l'année.

*Comme la rose furtive à la joue,
la neige qui s'efface avant de toucher le sol,
bienfaisante.*

*Rose, like a sudden
rose in the cold season.*

*There is no snow,
but much hearty water gushing among the rocks
and sprouts of violets on the path.*

Water, greened by the grass.

Rose, portiere of the year.

*Like rose tingeing a cheek for an instant,
beneficent the snow that vanishes
before alighting.*

Cette combe verte, sans fleurs et sans oiseaux, suspendue, cette espèce de terrasse verte, au-dessus de laquelle passent les nuages rapides surgis comme des troupeaux du gouffre invisible et froid creusé derrière, ces pâturages où il n'y a plus de bétail depuis longtemps.

Dans la lumière brillante qui, à contre-jour, s'embrume, cette sorte de hamac d'herbe, l'air vif dans les hauteurs et doux près du sol, la bergerie d'ivoire usé comme une lampe restée allumée en plein jour, comme la lune, justement, que l'on devine, le sein laiteux.

Allez encore vers ces lacs de montagne qui sont comme des prés changés en émeraudes. Peut-être n'y boira-t-on plus, peut-être est-ce pour cela qu'on les voit maintenant. Il y a des émeraudes dans la montagne comme on y croise des bêtes fuyantes. Et le printemps est poussière lumineuse.

That green hollow suspended up there on the slope—not a bird or flower in it—a sort of green terrace above which speed clouds surging like herds from the cold, invisible abyss carved out behind. For years, no sheep have grazed on those pastures.

A kind of grass hammock in bright sunlight which, as a backdrop, seems hazy, the chilly air bracing higher up yet mild near the ground; and the sheepfold, yellowed like ivory, shines like a lamp left on in full daylight, indeed like the moon that we can barely see—the milky breast.

Keep heading for those mountain lakes that are like meadows turned into emeralds. Perhaps we will no longer drink from them; perhaps this is why we spot them now. Emeralds are scattered in the mountains even as wild animals sometimes flee across our paths. And springtime is luminous dust.

BLASON VERT ET BLANC

BLAZON IN GREEN AND WHITE

Autre chose vue au retour d'une longue marche sous la pluie, à travers la portière embuée d'une voiture : ce petit verger de cognassiers protégé du vent par une levée de terre herbue, en avril.

Je me suis dit (et je me le redirai plus tard devant les mêmes arbres en d'autres lieux) qu'il n'était rien de plus beau, quand il fleurit, que cet arbre-là. J'avais peut-être oublié les pommiers, les poiriers de mon pays natal.
Il paraît qu'on n'a plus le droit d'employer le mot beauté. C'est vrai qu'il est terriblement usé. Je connais bien la chose, pourtant. N'empêche que ce jugement sur des arbres est étrange, quand on y pense. Pour moi, qui décidément ne comprends pas grand-chose au monde, j'en viens à me demander si la chose « la plus belle », ressentie instinctivement comme telle, n'est pas la chose la plus proche du secret de ce monde, la traduction la plus fidèle du message qu'on croirait parfois lancé dans l'air jusqu'à nous ; ou, si l'on veut, l'ouverture la plus juste sur ce qui ne peut être saisi autrement, sur cette sorte d'espace où l'on ne peut entrer mais qu'elle dévoile un instant. Si ce n'était pas quelque chose comme cela, nous serions bien fous de nous y laisser prendre.

Je regardais, je m'attardais dans mon souvenir. Cette floraison différait de celles des cerisiers et des amandiers. Elle n'évoquait ni des ailes, ni des essaims, ni de la neige. L'ensemble, fleurs et feuilles, avait quelque chose de plus solide, de plus simple, de plus calme ; de plus épais aussi, de plus opaque. Cela ne vibrait ni ne frémissait comme oiseaux avant l'envol ; cela ne semblait pas non plus commencer, naître ou sourdre, comme ce qui serait gros d'une annonce, d'une promesse, d'un avenir. C'était là, simplement. Présent, tranquille, indéniable. Et, bien que cette floraison ne fût guère plus durable que les autres, elle ne donnait au regard, au cœur, nulle impression de fragilité, de fugacité. Sous ces branches-là, dans cette ombre, il n'y avait pas de place pour la mélancolie.

Vert et blanc. C'est le blason de ce verger.

Another thing seen, through a fogged-up car window, after I had returned from a long hike in the rain: that little quince orchard sheltered from the wind by a long grassy mound. It was April.

I told myself then (and would tell myself later in front of the same trees in other places) that nothing was more beautiful than a blooming quince tree. Perhaps I had forgotten the pear and apple trees of my native country.

Apparently we are no longer supposed to use the word "beautiful." Indeed, the word has become terribly trite. I have often experienced beauty, however. On the other hand, it is true that judging trees in this way is unsettling. As a person who clearly understands next to nothing of the world, I even wonder if what we instinctively sense as "the most beautiful thing" is not what is closest to the secret of this world, what most faithfully translates the message sometimes seemingly tossed through the air all the way to us; or, if you prefer, the most appropriate opening onto something that cannot be grasped otherwise, onto a kind of space that we cannot enter yet that this opening momentarily reveals. If something like this were not at stake, then we would be crazy to let ourselves be tricked.

I kept looking at the quince trees, dwelling on certain memories. Their flowering differed from that of cherry or almond trees. Neither wings, nor swarms, nor snow came to mind. There was something solider, simpler, and calmer about the leaves and flowers when taken as a whole; something thicker, too, and more opaque. They neither quivered nor shivered as birds do when readying to take wing; they did not seem to begin, be born, or surge forth like something pregnant with an announcement, a promise, or a future. Simply, they were there. Present, quiet, undeniable. And although the flowering of the quince trees hardly lasted longer than that of cherry or almond trees, it gave no impression of fragility or fugacity to the eyes and heart. Beneath those branches, in that shadow, there was no place for melancholy.

Green and white: the blazon of this orchard.

Rêvant, réfléchissant à ces deux couleurs, il m'est revenu à l'esprit à un moment donné la *Vita nova*, ce petit livre auquel j'avais repensé déjà quand j'ébauchais des espèces de madrigaux à l'enseigne d'un autre génie italien, plus tardif : Claudio Monteverdi. Ce titre, en effet, me suggérait l'image de jeunes dames, aussi nobles d'esprit que pures de cœur, réunies en groupe comme des musiciennes, marchant et devisant, tour à tour graves et rieuses, pures mais pas du tout désincarnées, très désirables sœurs des anges partout présents dans la peinture d'alors. Et je les voyais, ces jeunes femmes, vêtues de robes blanches brodées de vert comme il me semblait que l'était la figure du Printemps qui orne le frontispice du fragment d'*Hypérion* dans l'édition de 1957 (peinture grecque, sauf erreur, où, sur la reproduction du moins, la jeune femme, si elle cueille une fleur blanche sur un fond de prairie verte, porte une robe d'un ton plutôt jaune), ou celle de la Flore du *Printemps* de Botticelli, avec sa couronne et son col de fleurs (et le texte même de Hölderlin n'était pas sans rappeler, par sa noblesse juvénile, celui de la *Vita nova*).

Mais quand j'ai relu ce dernier livre, j'ai constaté, non sans étonnement, qu'à l'exception de la robe rouge sang dans laquelle Béatrice apparaît à Dante par deux fois, et la seconde en rêve, il n'y pas, dans tout le récit, une seule mention de couleur en dehors du blanc, qui n'en est pas une. Le texte est beaucoup plus sévère, plus insaisissable que ne l'avait fait mon souvenir. Cette absence de couleurs ne le rend pas exsangue pour autant. On le dirait écrit dans une langue de verre, une langue diaphane ; on croirait entendre une fugue de verre où rien n'empêcherait jamais le passage d'une lumière tendre, déchirante quelquefois parce que lointaine, insaisie. Et la seule comparaison proprement dite, avec un de ses deux termes emprunté au concret, qui s'y trouve, c'est, au chapitre XVIII : « *Et comme quelquefois nous voyons tomber l'eau mêlée de belle neige, de même il me semblait voir leurs paroles sortir mêlées de soupirs* », donc un recours à la matière la plus légère, la plus limpide, à laquelle ne sont pas par hasard comparées des paroles ; pas plus que ce n'est un hasard si, dès le début du chapitre suivant, comme en écho, Dante écrit : « *Il advint ensuite que, passant par un chemin le long duquel s'en allait un ruisseau très clair, me saisit une telle volonté de dire que je me mis à penser à la manière de m'y prendre . . .* » Tout, d'ailleurs, ici, n'est que pas et paroles. Dante passe, et parle ; il entend rire, pleurer, parler. Il ne fera pas autre chose dans la *Divine Comédie*, dans un paysage infiniment plus ample et plus âpre ; mais le pas sera plus ferme, les rencontres beaucoup plus diverses et plus graves, les paroles plus sûres aussi, plus profondes, plus pleines.

While daydreaming, while reflecting on these two colors, I eventually recalled *La vita nuova*, that little book about which I had already been musing again when I was writing the rough drafts of madrigals of sorts in the spirit of another, later, Italian genius, Claudio Monteverdi. Indeed, Dante's title made me think of young ladies who would be as noble-minded as they were pure-hearted, gathered into groups like musicians, strolling and conversing, in turn serious and merry, pure but not at all fleshless: the very desirable sisters, in fact, of the angels who are ubiquitous in the paintings of that period. And I imagined the young women as draped in white, green-embroidered robes resembling what initially seemed to be the one worn by the figure of Spring decorating the frontispiece of the fragment of Hölderlin's novel *Hyperion* that was published in the Mermod edition of 1957 (a Greek painting, if I am not mistaken, on which or at least on the reproduction of which the young woman picking a white flower against the background of a green meadow is actually wearing a pale yellow robe); or resembling the gown worn by Flora with her flowery crown and collar in Botticelli's "Spring"—and the juvenile nobility of Hölderlin's prose was not without similarities to *La vita nuova*.

But when I reread this latter book, I was surprised to notice that with the exception of the blood-red robe in which Beatrice appears twice in front of Dante, the second time in a dream, there is not, in the entire tale, a single mention of any color except white, which is not a color. The prose is much more austere, more ungraspable, than I had remembered. Not that this absence of colors makes it a bloodless story. It seems written in a glass language, a diaphanous language; you seem to be listening to a glass fugue in which nothing will ever prevent a tender light from passing through—a sometimes heartbreaking light because it is nonetheless remote, out of reach. Strictly speaking, the only simile using one of these two colors borrowed from the material world occurs in Chapter XVIII: "*And as we sometimes see falling rain mixed with beautiful snowflakes, so I seemed to hear them speaking words mixed with sighs.*" Dante thus appeals to the lightest and clearest kind of matter, comparing water, not by chance, to words. Nor is it by chance that, at the beginning of the following chapter, he adds, as if in echo: "*After this, while I was strolling down a path along which a very clear stream was flowing, I felt such an urge to speak that I began to think about how to go about doing so . . .*" In fact, the entire book is but footsteps and words. Dante walks and talks; he hears laughing, weeping, and speaking. Nor will he record anything else in the infinitely vaster and harsher landscape of *The Divine Comedy*; but by then his own footstep will have become surer, his encounters graver and much more varied, and his words more confident as well—deeper, fuller.

Il a bien fallu m'approcher de ces arbres. Leurs fleurs blanches, à peine teintées de rose, m'ont fait penser tour à tour à de la cire, à de l'ivoire, à du lait. Étaient-elles des sceaux de cire, des médailles d'ivoire suspendues dans cette chambre verte, dans cette maison tranquille ?

Elles m'ont fait penser aussi aux fleurs de cire que l'on voyait autrefois sous des cloches de verre dans les églises, ornements moins périssables que les vrais bouquets ; après quoi, tout naturellement, ce verger « *simple et tranquille* » comme la vie que le Gaspard Hauser de Verlaine rêve du fond de sa prison, m'est apparu lui-même telle une chapelle blanche dans la verdure, un simple oratoire en bordure de chemin où un bouquet de fleurs des champs continue à prier tout seul, sans voix, pour le passant qui l'y a déposé un jour, d'une main pieuse ou peut-être distraite, parce qu'il appréhendait une peine ou marchait vers un plaisir.

Vert et blanc.

« *Oui, c'était alors que les simples et belles bergeronnettes allaient de vallée en vallée et de colline en colline, en tresse et en cheveux, sans autres habits que ceux qui étaient nécessaires pour couvrir honnêtement ce que l'honnêteté veut et a toujours voulu qui se couvrît ; et leurs ornements [. . .], c'étaient quelques feuilles de verte bardane et de lierre entrelacées . . .* »

Ainsi Don Quichotte évoque-t-il l'Âge d'or devant les bergers ébahis. Plus tard, au sortir d'une fâcheuse aventure de barque qu'il a crue enchantée, sur l'Èbre, il sera consolé par la rencontre d'une belle chasseresse : « *Il arriva donc que le jour suivant, au coucher du soleil et au sortir d'une forêt, Don Quichotte jeta la vue sur un pré verdoyant, au bout duquel il aperçut plusieurs personnes ; s'étant approché de plus près, il reconnut que c'étaient des chasseurs de haut vol. Il s'approcha encore et vit une gentille dame montée sur un palefroi ou haquenée toute blanche qui avait un harnais vert et une selle de toile d'argent. Cette dame était pareillement vêtue de vert . . .* »

Nostalgie de l'Âge d'or, pastorales, idylles : il n'était pas absurde que, devant cet autre verger, la rêverie m'y eût conduit. Cervantès le premier s'en gausse, mais il met trop d'art à les recréer pour qu'il en ait tout à fait perdu le goût. Bien sûr, le désenchantement de Dulcinée n'est pas l'œuvre de magiciens perfides, mais celle du regard mûr, lucide, objectif ; c'est cette même désillusion qui, aggravée, conduira plus tard Leopardi aux confins du désespoir. Néanmoins, l'enchantement existe, il se produit encore, même dans ce qui peut sembler la période la plus implacable de notre histoire ;

I needed to get close to those quince trees. Their white flowers, barely tinged with rose, made me think in turn of wax, ivory, and milk. Were they wax seals, or perhaps ivory medals hanging in this green room, this peaceful house?

They also made me think of the wax flowers that were formerly kept under bell jars in churches, ornaments that were less perishable than real bouquets; after which, naturally, this *"simple, quiet"* quince orchard appeared to me as a white chapel amid greenery, like the life of which Verlaine's Gaspard Hauser dreams from the depths of his prison cell; and then as a simple wayside shrine in which a bouquet of wildflowers continues to pray all by itself, voicelessly, for the passerby who placed it there one day with a pious or absentminded hand because he was anticipating a woe or walking toward a pleasure.

Green and white.

"Then was it that the innocent and fair young shepherdesses roamed from vale to vale and hill to hill, with flowery locks, and no more garments than were needful modestly to cover what modesty seeks and ever sought to hide. [And] their ornaments [were] the wreathed leaves of the green dock and ivy . . ."

This is how Don Quixote evokes the Golden Age to astonished goatherds. Later, after a nasty adventure on the Ebro involving a boat that he thought was enchanted, he will be consoled by an encounter with a beautiful huntress: *"It so happened that the next day towards sunset and as he was coming out of a wood, Don Quixote cast his eye over a green meadow, and at the far end of it observed some people, and as he drew nearer saw that it was a hawking party. Coming closer, he distinguished among them a lady of graceful mien, in a pure white palfrey or hackney caparisoned with green trappings and a silver-mounted side-saddle. The lady was also in green . . ."*

Nostalgia for the Golden Age, pastorals, idylls: not absurdly, reverie might have induced this attitude in me as well while I was gazing at that other meadow with its quince orchard. Cervantes is always ready to poke fun at this sort of thing, but the great craft that he puts into re-creating such scenes shows that he has not entirely lost his taste for them. Of course, Dulcinea's disenchantment is not the work of perfidious magicians, but rather that of a mature, clear-minded, objective way of looking at the world. It is this same disillusionment which, in a more aggravated state, will later lead Leopardi to the brink of despair. Enchantment nevertheless exists; it still affects us even in what can seem to be the most implacable period of human history.

nous en avons été les bénéficiaires (les victimes, si l'on veut), on ne peut pas encore en écarter du monde le rêve, ou le souvenir. Le triomphe de Flore est-il moins réel que sa déroute, ou seulement plus bref ? C'est un char qui s'avance sur un chemin, orné de chants et de rires, et que l'on ne peut empêcher de disparaître à l'angle du bois ; on y est monté soi-même, tel déjà lointain jour d'été. Parce qu'il ne s'arrête pas, parce que la fête prend fin, parce que musiciens et danseurs, tôt ou tard, cessent de jouer et de danser, faut-il en refuser les dons, en bafouer la grâce ?

Vert et blanc : couleurs heureuses entre toutes les couleurs, mais plus proches de la nature que les autres, couleurs champêtres, féminines, profondes, fraîches et pures, couleurs moins sourdes que réservées, couleurs qui semblent plutôt paisibles, rassurantes...

Ainsi de vagues images, venues du monde réel ou de vieux livres, se mêlaient-elles à plaisir dans mon esprit. Des figures féminines s'y distinguaient à peine des fleurs ou des feuilles dont leurs robes et leurs chevelures étaient ornées ; elles ne demandaient qu'à vous entraîner dans leurs rondes, à vous envelopper de leurs chants pour vous mettre à l'abri des coups, vous guérir des blessures ; enveloppantes, guérissantes, oui, tout à fait comme Zerline l'est pour Masetto dans *Don Giovanni*, comme l'est Zerline, ou l'air de Zerline (c'est tout un) ; enveloppantes, étourdissantes même et probablement trompeuses, mais d'une tromperie que l'on préfère, quelquefois, à la droiture.

Je crois bien qu'en tout verger, l'on peut voir la demeure parfaite : un lieu dont l'ordonnance est souple, les murs poreux, la toiture légère ; une salle si bien agencée pour le mariage de l'ombre et de la lumière que tout mariage humain devrait s'y fêter, plutôt qu'en ces tombes que sont devenues tant d'églises.

Et ce verger-ci, mi-parti de vert et de blanc, c'est le blason des noces rustiques et des fêtes de printemps, une musique de chalumeaux et de petits tambours encore assourdis par un reste de brume.

Curieuses fêtes, drôles d'idylles, puisque l'on ne peut danser avec ces fées-là, ni un seul instant les tenir par la main !

We have been its beneficiaries (or victims, if you prefer); daydreams and memories cannot yet be dismissed from the world. Is Flora's triumph less real than her defeat, or only briefer? It is a triumph like a chariot moving down a path lined with people singing and laughing; yet nothing can prevent the chariot from vanishing at the edge of the wood. You have yourself climbed on it, on such and such a summer day far in the past. Because the chariot does not come to a halt, because the festivities must end, because sooner or later the musicians will stop playing and the dancers dancing, should its offerings be rejected and its charms scorned?

Green and white: among all the colors, the most felicitous ones, yet also the two that are the closest to nature and the countryside. Feminine, deep, fresh, and pure. Colors less dull than shy; colors that seem somewhat peaceful, reassuring . . .

Thus vague images from the real world or old books mingled freely in my mind. Feminine figures were hardly distinct from the flowers or leaves decorating their robes and hair: women whose only wish was to draw you into their ring dances, to envelop you with their songs so as to safeguard you from blows and heal your wounds. Enveloping, healing—yes, just as Zerlina is for Masetto in *Don Giovanni*; indeed, just as Zerlina and her aria—one and the same thing—are by their very nature: enveloping, even deafening and probably deceitful, though we sometimes prefer this kind of deceitfulness to rectitude.

For me, any orchard can be seen as the perfect dwelling place: the layout is flexible, the walls permeable, the roofing leaf-light; it is a banquet hall so well equipped for the marriage of sun and shadow that every human wedding ought to be celebrated in one, instead of in those mausoleums that so many churches have become.

And the quince orchard, its base per pale green and white as on a coat of arms, is the blazon of village weddings and spring rites, the music of pipes and little drums somewhat muffled by a lingering mist.

How odd such festivities are, how strange such idylls: you cannot dance with those fairies, not even hold their hands for an instant!

Ces sceaux de cire, s'il cachettent une lettre, faut-il que je les rompe pour en lire le contenu ?

Couleurs fermes, opaques et tranquilles ; rien qui frémisse, rien qui batte de l'aile, rien même qui vibre. Comme si le mouvement n'existait plus, ou pas encore ; sans qu'il s'agisse pour autant de sommeil, moins encore de rigidité, de figement. Ces cierges, si ce sont des cierges, ne veillent pas un mort ; ces bougies n'éclairent ni le lit, ni un livre. D'ailleurs, elles ne brûlent pas : ce serait encore trop de mouvement, de fièvre, d'inquiétude.

Il est beaucoup de choses de ce monde où j'aurai bu et qui m'auront gardé de me dessécher, beaucoup de choses qui ont eu la légèreté d'un rire, la limpidité d'un regard. Ici se dévoile à demi la présence d'une source dans l'herbe, sauf que ce serait une source de lait, c'est-à-dire... mais il faut que le pas en ces abords ne soit plus entendu, que l'esprit et le cœur ralentissent ou presque s'oublient, au bord de la disparition bienheureuse, d'on ne sait trop quelle absorption dans le dehors : comme si vous était proposé par pure grâce un aliment moins vif, moins transparent que l'eau, une eau épaisse, opacifiée, adoucie par son origine animale, une eau elle aussi sans tache mais plus tendre que l'eau.

De toutes les couleurs, il se pourrait que le vert fût la plus mystérieuse en même temps que la plus apaisante. Peut-être accorde-t-elle dans ses profondeurs le jour et la nuit ? Sous le nom de verdure, elle dit le végétal : tous herbages, tous feuillages. C'est-à-dire aussi, pour nous : ombrages, fraîcheur, asile d'un instant. (« *À cet asile d'un instant n'attachez pas votre cœur* », conseille la courtisane au moine dans *La Dame d'Egughi*, ce nô lu à seize ans et jamais oublié ; mais si, au contraire, on ne voulait plus s'en détacher jamais ?)

Qui peut m'avoir tendu cela comme je passais, qui a deviné que, sous mes dehors convenables, je n'étais peut-être qu'un mendiant, que je pouvais avoir soif ? Mais je ne crois pas qu'il y eût une main derrière cette coupe, et c'est là tout le mystère. Aucune servante, cette fois, se tenant discrètement dans l'angle le plus sombre de la salle ; ni même changée en arbre, comme qui le fit pour échapper à l'avidité d'un dieu. Comme si ce

Do I need to break the wax seals before reading what the letters say?

Firm, opaque, quiet colors. There is nothing about them that shudders, is in a shaky state, or even vibrates. As if movement no longer existed, or not yet; though in this regard, they do not express sleep and, even less so, rigidity or congealment. If they are candles, they do not keep watch over a corpse; they cast light neither on beds nor books. In fact, they do not burn: that would involve too much motion, fever, restlessness.

Many things in this world from which I will have drunk have kept me from drying out; they were light like laughter, clear like gazing eyes. But here the spring of water half hidden in the grass would actually be a source of milk, that is . . . But all footsteps in your midst must no longer be heard; your heart and mind must slow their pace, almost forgetting themselves, as if you were about to pass away benignly or somehow be absorbed in all that is outside the self: as if you were offered, out of pure generosity, food that is less lively and transparent than water; a water that has been thickened, sweetened, and made opaque by its animal origin; a water that is as pure as, yet more tender than, water.

Of all the colors, green may well be the most mysterious and, at the same time, the most appeasing. Does it perhaps, in its depths, harmonize day and night? Going by the name "greenery," it expresses all foliages and pasturages of the plant world, thereby implying shade, coolness, and a temporary shelter for us as well. ("*But do not attach your heart to this temporary shelter,*" the courtesan advises the monk in *The Lady of Eguchi*, a Noh play that I read at the age of sixteen and have never forgotten. What if, on the contrary, you never want to detach yourself from it?)

Who held this out to me as I was going by? Who surmised that, beneath my conventional appearance, I was a mere beggar and might be thirsty? But I do not believe that there was a hand behind this cup, and therein lies all the mystery. This time, no servant was standing discreetly in the darkest corner of the room; not even one changed into a tree, like the nymph to whom this happened so that she could escape from an avid god. As if this

n'était plus nécessaire à présent, ou que ce ne l'eût plus été du moins ce jour-là, en ce lieu-là, et que la servante fût dans votre cœur.

Un salut, au passage, venu de rien qui veuille saluer, de rien qui se soucie de nous le moins du monde. Pourquoi donc, sous ce ciel, ce qui est sans voix nous parlerait-il ? Une réminiscence ? Une correspondance ? Une sorte de promesse, même ?
Vues dont le mouvement, comme celui des oiseaux, recoudrait l'univers.

On passait. On a bu ce lait de l'ombre, en avril, avec ses yeux.

Peut-être ces feuillages calmes couvaient-ils les véritables œufs, couleur d'ivoire, de la Résurrection ?

Ou, peignant seulement, rapidement, cet arbre, aurai-je peint le dernier ange, le seul auquel nous puissions accorder notre confiance, parce qu'il est issu du monde obscur, de sous la terre ?

Un ange plus rustique, dirait-on, que les autres, plus berger ?

Il nous est arrivé, même à nous, de nous élever ainsi pour porter une coupe d'ivoire à la rencontre du ciel, à l'imitation du ciel ; pourvu que nous cachent des feuilles assez calmes.

Chose belle à proportion qu'elle ne se laisse pas prendre.

Voici le dernier écho des « bergeries », un rappel qu'on entend à peine, à la limite de l'ouïe, parce que le lait qui coule de la coupe est plus silencieux qu'aucune eau.

were no longer necessary, or at least no longer so on that day and in that place, the servant being in your heart.

A passing greeting made by nothing that wishes to make one, by nothing that cares about us in the slightest. Why then, under these skies, would what is voiceless speak to us? Or is it a reminiscence? A correspondence? Even a sort of promise?

Views whose flight, like that of birds, would sew the universe back together.

You were just passing by. You drank this shadowy milk, in April, with your eyes.

Do these calm leaves perhaps brood the genuine ivory-colored eggs of the Resurrection?

Or if I had quickly painted this tree, would I have painted the last angel, the only one in whom we can have confidence because it comes from beneath the ground, from the dark realms of the earth?

One might say: a more rustic angel than the others—more a shepherd?

Even we have sometimes risen, bearing an ivory cup, to meet the sky, in imitation of the sky—let's hope that quiet enough leaves conceal us.

A thing is beautiful to the extent that it does not let itself be caught.

Such is the final echo of those pastoral "sheepfolds," a summons that we can barely hear at all; in fact, it is at the very limit of what can be heard—because the milk that flows from this cup is more silent than any water.

La pluie est revenue, sur les feuillages en quelques jours multipliés, épaissis. On aurait dit qu'une ombre était prisonnière de cette cage fragile.

Le foisonnement heureux, sous la pluie, des feuillages ; en quelques jours, tout n'est plus que grottes, pavillons, armoires sombres où brillent vaguement des robes.

Comme quand traîne un peu de brume sur une source qui a pris la couleur des plantes qui l'abritent, un trouble embue. Le voile qui amortit et qui aiguise la violence montée des profondeurs.

It has been raining again, on foliage sprouting and swelling in only a few days. A shadow now seems imprisoned in this fragile cage.

The happy burgeoning of leaves in the rain; only a few days, and everything has become grottos, cottages, dark wardrobes full of vaguely gleaming gowns.

As when a little mist lingers above spring water greened by the plants sheltering it, mistiness creates more mistiness. A veil that at once muffles and sharpens the violence rising from the depths.

Des êtres jamais vus, comme assis sous des nuages dont le bord serait argenté par la lune.

Avant que tu ne passes une bonne fois au nombre des fantômes, écris qu'il n'y a pas de plus haut ciel que cette source couleur d'herbe.

Creatures never seen before, as if sitting beneath clouds with moonlight-silvered edges.

Before you enter the community of ghosts once and for all, write down that there is no higher heaven than this grass-colored spring.

SUR LES DEGRÉS MONTANTS

ASCENDING THE STEPS

Le chant des alouettes au sommet de la Lance, à la fin de la nuit du solstice d'été : cette ivresse dans le froid glacial, ces fusées comme pour appeler le jour dont je ne devais voir que le reflet blafard peindre, très lentement, vaguement, les rochers.

Je ne les distinguais pas, bien qu'elles eussent jailli des herbes toutes proches, j'entendais seulement qu'elles s'élevaient de plus en plus haut, comme si elles gravissaient les degrés noirs de la nuit. *Magnificat anima mea...*

Elles avaient jailli, toutes ensemble ou presque, nombreuses, absolument invisibles, des hautes herbes brassées par le vent, sous le fouet glacé du vent, comme des fusées sonores ; ou plutôt, m'a-t-il semblé tandis que j'écoutais, tenant à peine debout dans le vent : comme si elles s'affairaient à soulever toujours plus haut, avec des cris de joie (ou de colère) une sorte de chapiteau, de dais aussi invisible qu'elles, parce que la nuit était encore totale ; ou comme si elles tendaient une grande coupe bouillonnante en offrande à ce ciel noir. (Ainsi arrive-t-il à un promeneur égaré de surprendre une cérémonie sauvage et incompréhensible.)
Mais il n'y avait là ni dais, ni coupe, ni cantiques.

De l'alouette, Buffon a écrit : « *Elle est du petit nombre des oiseaux qui chantent en volant ; plus elle s'élève, plus elle force la voix.* »
Et encore : « *On a dit que ces oiseaux avaient de l'antipathie pour certaines constellations, par exemple, pour Arcturus, et qu'ils se taisaient lorsque cette étoile commençait à se lever en même temps que le soleil, apparemment que c'est dans ce temps qu'ils entrent en mue, et sans doute ils y entreraient quand Arcturus ne se lèverait pas.* »

C'était un chant frénétique, et qu'on aurait cru chanté pour appeler le jour qui tardait à venir colorer les rochers blêmes.
On aurait pu imaginer ainsi une cohorte d'anges cherchant à soulever le couvercle énorme de la nuit, au-dessus des hautes herbes fouettées, cinglées par le vent glacé.

Meadowlarks singing shrilly up and around the summit of the Lance, at the end of the summer solstice night: their exhilaration in the glacial cold like skyrockets calling out to a daylight whose mere pale reflection I would eventually watch painting the rocky mountainsides very slowly and only vaguely.

Although the meadowlarks had flown up from the high grass in my midst, I could not make them out in the darkness, could hear only their ever-higher ascent as if they were climbing the black steps of the night. *Magnificat anima mea . . .*

Like countless, shrill, absolutely invisible skyrockets, they had soared aloft all together, or almost, from the high grass blown about by the wind, icily whipped by the wind. Or rather, as it then seemed while I was listening and barely able to keep standing in the wind: as if, with screeches of joy (or anger) and because it was still night, they were busy lifting ever higher a kind of big tent top, a canopy as invisible as they were; or as if they were raising a large bubbling cup as an offering to the black sky. (As when a stroller who has lost his way happens upon some wild, bewildering ceremony.)

But no canopy was up there, no cup, no canticles.

Buffon wrote of the meadowlark: "*It is one of the small number of birds that sings while flying; the higher it soars, the more it strains its voice.*"

And also: "*It has been said that these birds are hostile to some constellations or stars, like Arcturus, and that they stop singing whenever the star and the sun rise at the same time; moreover, that during such conjunctions the meadowlarks begin molting. Yet surely they would begin molting even if Arcturus did not rise.*"

Frenzied screeches apparently made in order to beckon the daylight to come at last and cast color on the pallid mountainsides.

Above the high grass beaten and whipped by the icy wind, a cohort of angels, conceivably, struggling to lift the enormous lid of night.

La porte s'ouvrirait-elle jamais ? Ce ne serait pas, en tout cas, faute d'avoir crié leur appel au jour.

Il y avait dans l'ascension et le chant de ces petites créatures une violence qui me remplit encore maintenant de stupeur. Certes, ce n'étaient pas là des ariettes à charmer les salons, ni des élégies ! Cela vrillait l'ouïe et le ciel, dans l'obscurité presque totale et la fusillade du froid. On aurait dit vraiment, si absurde que cela semble, qu'il y avait un rapport entre ces cris et les astres qui étaient encore loin de s'effacer.

Lazare, encore couché dans sa cuve de pierre.
Et elles, infatigables au-dessus des rochers blêmes,
invisibles, têtues, frénétiques.

Qui a jamais crié ainsi pour forcer le jour ?

Plus stridentes que les astres où l'on dirait qu'elles vont se perdre.

Le plus frappant dans tout cela : ces rochers blafards, ce froid cinglant et cette sorte de défi frénétique, comme pour forcer le ciel à enfin s'éclairer, pour forcer à la résurrection, pour tirer Lazare de son tombeau de pierre ; pour soulever l'énorme poids de la dalle nocturne.

Toutes les cordes tendues à se rompre.

Comme la montagne dans ce moment de ténèbres et de froid intense, j'attendais d'être illuminé, de me dresser hors du sarcophage de rocher comme Lazare, tandis que le vent tout autour hersait l'herbe.
J'étais mort comme lui et rien ne se passait que les coups de boutoir du vent, les coups de cravache du froid,
 s'il n'y avait eu soudain cette troupe d'oiseaux absolument invisibles et réduits aux fusées de leurs cris infatigables ;

Would this door ever open? If not, it would not be because the meadowlarks had failed to call out to the daylight with their screeches.

So violent was the screeching soar of these little creatures that it fills me with astonishment even today. Surely these were no ariettas to enchant a salon, nor elegies! In the almost total darkness and the assault of the cold, their song pierced the ears and the sky. As absurd as it seems, you might really have imagined some relationship between the shrill screeching and the stars that were still far from fading.

Lazarus, still lying in his stone vat,
and the invisible, tireless, stubborn, frenzied meadowlarks
screeching above the pallid mountainsides.

Who has ever screamed so, in order to force his way into daylight?

Screeches shriller than the stars among which they are seemingly going to fade away.

What was most striking in all this: the pallid mountainsides, the stinging cold, and this sort of frenzied defiance, as if to force the sky to light up at last, to force a resurrection to occur, to call forth Lazarus from his stone tomb, to lift the big heavy slab of night.

All ropes so taut that they could snap.

Like the mountain in this dark, intensely cold moment, I too was waiting to receive light, to rise like Lazarus from the stone sarcophagus, while the enveloping wind was harrowing the grass.
I was dead like him and nothing was happening except for the dull battering of the wind, the whiplashes of the cold,
when this troop of absolutely invisible birds, however reduced to shrill untiring skyrockets, suddenly soared;

et comme ils montaient toujours plus haut sur les degrés noirs, on aurait dit qu'ils s'activaient à soulever la dalle noire de la tombe

ou qu'ils frappaient à une porte, tous ensemble,

comme de petits anges effrénés, de petits ouvriers acharnés, sans autres outils que leur voix aiguë (jubilante ou désespérée, on n'aurait su le dire),

à soulever cette dalle noire,

à frapper à cette porte qui semblait ne jamais devoir tourner sur ses gonds de pierre.

Qui frapperait avec pareille constance et fureur
dans la montagne
ne ferait-il pas lui aussi lever le jour ?

and as they continued to ascend the black steps, they seemed to get busy lifting the black slab of the tomb
or beating on a door, all together,
as if they were frantic little angels, relentless little workers, with no tools other than their shrill voices (and it was impossible to say whether they were jubilant or desperate),
struggling to lift the black slab,
beating on a door that would seemingly never turn on its stone hinges.

In the mountains,
would not someone beating like them
furiously and steadfastly,
also make the day rise?

Montagnes à contre-jour dans le matin d'été : c'est, simplement, de l'eau.

Que la poésie peut infléchir, fléchir un instant, le fer du sort. Le reste, à laisser aux loquaces.

Frelons et feu. Écrire : « les frelons du feu » serait de la poésie facile, mais il y a un lien entre les deux ; comme quand des braises vous sautent à la figure.

A summer morning, mountains against the sunlight: it's all simply water.

That poetry can bend, unbend, iron fate for just an instant. Leave the rest to the talkative.

Hornets and fire. To write "the hornets of fire" would be poetically facile, but there is nevertheless a link between the two, as when embers fly up into your face.

Pendant toute une nuit et sur tout le tour de l'horizon, chose extrêmement rare, le tonnerre roule : longues percussions têtues d'un orchestre d'Orient lointain.

Ou comme un bruit d'ossements qu'on remuerait.

Extremely rare that during an entire night and on all horizons the thunder kept rolling. A long relentless percussion passage played by some orchestra of the Orient. Or like the noise of bones being stirred.

ÉCLATS D'AOÛT

BRIGHT BITS OF AUGUST

Tard dans la nuit d'août,
l'œil du Taureau devient rouge
comme s'il allait ensemencer la terre.

Il sait qu'on va l'abattre tôt ou tard,
et pas de vache au pacage
de ce côté-ci du ciel.

À quel brasier échappés, ces frelons ?

Moi, quand mes pensées brûlent,
je sais pourquoi.

Late at night in August,
the eye of Taurus reddens
as if he were going to sow his seed in the earth.

Sooner or later he will be slaughtered,
he knows, and there's not a cow grazing
on his side of the sky.

These hornets speeding off, but from what blaze?

When my own thoughts are burning,
I know why.

Cette nuit,
un vent glacé fouette les astres ;
on dirait
qu'eux aussi flambent plus avides.

Y aurait-il même pour eux
de l'impossible ?

Nuages assis en majesté comme des dieux,

ourlés de pourpre s'ils vont vers la nuit.

Tonight,
while the icy wind whips the stars
they seem more eager
to blaze.

Does impossibility exist
even for them?

Clouds sitting in majesty like gods,

hemmed in purple if they are heading for the night.

Orvet vif comme un filet d'eau,
plus vite dérobé qu'œillade,

orvet des lèvres fraîches.

Toutes ces bêtes
ou esprits invisibles

parce qu'on se rapproche de l'obscur.

Legless lizard lively like trickling water,
more quickly hidden than a wink—

lizard of fresh lips.

All these animals
or invisible spirits

because darkness is near.

Trop d'astres, cet été, Monsieur le Maître,
trop d'amis atterrés,
trop de rébus.

Je me sens devenir de plus en plus ignare
avec le temps
et finirai bientôt imbécile dans les ronciers.

Explique-toi enfin, Maître évasif !

Pour réponse, au bord du chemin :

séneçon, berce, chicorée.

Too many stars this summer, Sir,
too many friends in dismay,
too many rebuses.

I sense I know
less and less as time goes by,
and soon will end up an idiot in the brambles.

Explain yourself at last, evasive Master!

As an answer, along the path:

groundsel, hogweed, chicory.

Dans le ciel de cette aube tiède où la montagne prend la couleur de la violette, alors que la lune ronde se dissout, deux buses entrecroisent leurs spirales silencieuses.

Cils, ou oiseaux favorables sur les lèvres.

Toute la journée du 26 septembre 1988, le monde sous mes yeux est resté immobile dans la sérénité la plus grande que je lui aie jamais vue. Se levait-il un souffle quelquefois, ce ne semblait être que pour éventer le cœur. Alors, le Ventoux m'a fait l'effet d'un lointain sphinx assis sur notre seuil pour le garder du moindre trouble.

A balmy dawn and, as the mountain takes on the tinge of a violet, in the sky the round moon dissolves and two buzzards entwine their silent spirals.

Eyelashes, or favorable birds alighting on lips.

On 26 September 1988, all day long, the world before my eyes remained still, in the greatest serenity that I have ever seen. Whenever a breath of wind rose, it seemed only for refreshing the heart. Mount Ventoux appeared to be a distant sphinx sitting on our threshold, protecting it from the slightest stir.

Rêver d'un corps, à l'aube, qui n'aurait plus pour ornements à retirer que les constellations de septembre.

Le corps lointain, caché, proche parfois et moins caché : foyer, dirait-on, d'une lumière surnaturelle.

Les couleurs graves des fins d'après-midi, l'hiver : le brun qui tire sur le fauve, le pourpre, le violet ; le vert très sombre, les lointains bleus ; et aujourd'hui, entre l'horizon et de longs nuages peut-être chargés de neige, un morceau de ciel si clair qu'il en paraît juvénile ou angélique. L'enclos du grand jardin avec ses murs couverts de lierre donne toujours son même conseil de calme, de patience, de confiante attente.

Autre « chambre des époux » fidèles, avec à la voûte cette couronne légère, cette baie d'air animée par de rares nuages pareils à des roses. Comme si l'on embrassait d'un même regard la navigation, là-haut, et tout en bas l'heureuse rumeur du port.

Nos anges à nous ne sont peut-être que ces nuages dont le corps rosit dans le jaune des ciels d'hiver.

Dream of a woman's body, at dawn, with only the September constellations left as ornaments to be lifted off.

The remote hidden female body—though sometimes near and less hidden: the hearth, one might say, of a supernatural light.

In winter, those grave colors that appear at the ends of afternoons: brown verging on tawny, crimson, purple, the deep dark greens, the distant blues; and today, between the horizon and some long clouds perhaps heavy with snow, there is a patch of sky so clear that it seems youthful or angelic. The big garden with its ivy-colored walls gives its usual advice: be calm, patient, wait confidently.

Another kind of faithful "spouses' chamber" lightly crowned with a painted cupola, this bay of air livened by a few rose-like clouds. As if you could take in with a single glance the sailing above and, way down below, the happy hum of the port.

Our own angels are perhaps merely those clouds whose bodies blush in the yellow of winter skies.

FRAGMENTS SOULEVÉS PAR LE VENT

FRAGMENTS STIRRED UP BY THE WIND

Oui, oui, c'est cela,
c'est cela !
criait-elle.

Et son visage semblait éclairé
par quelque chose qui lui faisait face.

Yes, yes, that's it,
that's it !
she shouted.

And her face seemed lit up
by something facing her.

Rappelez-vous :

s'il peut être une foudre lente
et tendre à en mourir,
irradiant le corps,
c'est cela dont mourir vous privera.

De cet autre orage,
même les dents sont douces.

Remember:

if there can be lightning so slow
and tender that you can die from it,
as it irradiates your body,
then this is what dying will deprive you of.

Of that other storm,
even the teeth are soft.

Nouvelle année.

Est-ce mon père, au portail du jardin,
qui tire la sonnette couverte de neige ?

La grande maison brille,
pleine de cadeaux et de robes.

Par la porte-fenêtre où d'ordinaire entre le jour,
filtré par le feuillage,

qui vient à toi dans cette nuit d'hiver ?

A new year.

Is that my father at the garden gate,
ringing the snow-covered bell?

The big house is shining,
full of gifts and gowns.

Through the French window where the leaf-filtered light
usually enters,

who is coming to you in this winter night?

À force de tonnerre,
le firmament se craquelle aujourd'hui.

Dans l'ancien monde,
à presque chaque orage
répondaient une nymphe dévêtue
et un berger tranquille.

Elle disait,
entre deux cris
entre deux crises de larmes :
« J'ai trouvé un abri de feuilles
et un compagnon endormi. »

Et lui :
« Bonne nouvelle avant la fin du monde :
c'est encore le lait des astres
qui gonfle votre sein. »

Thunder cracking
the firmament today.

In the old world,
nearly every storm
had its unclad nymph
and quiet shepherd.

The nymph would say,
between two screams,
two weeping spells:
"I have found a leafy shelter,
and a slumbering infant companion."

And the shepherd:
"These are good tidings
before the end of the world:
star's milk still fills your breasts."

Le tronc ridé, taché
qu'étouffe, à force, le lierre du Temps,
si l'effleure une rose, reverdit.

Dis plutôt la rivière que la ruine
ou mieux : pour toute ruine cette ruine d'eau.

The spotted wrinkled trunk
that Time's ivy ends up strangling
becomes green again—if a rose grazes it.

Tell rather of the river than the ruin.
Or better: for every ruin, this water ruin.

Ordre aux bergers absents :

qu'ils retiennent les biches qui s'échappent,
mal conseillées par les nuages,
qu'ils dénouent une à une les tresses des ruisseaux,
qu'ils épargnent les herbes rares de la combe
et qu'ils fassent tinter l'ivoire des pierres
dans la montagne où chaque arbre se tord en lyre.

Orders for absent shepherds:

that they hold back fleeing does
ill-advised by the clouds,
that they unknot one by one the brook's braids,
that they spare the scarce grass of the high hollow
and that they make the ivory of the rocks ring
in the mountain where every tree is twisted into a lyre.

(Tombeau du poète)

Détrompez-vous :
ce n'est pas moi qui ai tracé toutes ces lignes
mais, tel jour, une aigrette ou une pluie,
tel autre, un tremble,
pour peu qu'une ombre aimée les éclairât.

Le pire, ici, c'est qu'il n'y a personne,
près ou loin.

(The poet's tomb)

Make no mistake:
it was not I who traced all these lines
but rather, on a given day, an egret or the rain,
on another, an aspen,
provided that a beloved shadow cast light on them.

What is worst about here is that there is no one,
neither near nor far.

En cette nuit,
en cet instant de cette nuit,
je crois que même si les dieux incendiaient
le monde,
il en resterait toujours une braise
pour refleurir en rose
dans l'inconnu.

Ce n'est pas moi qui l'ai pensé ni qui l'ai dit,
mais cette nuit d'hiver,
mais un instant, passé déjà, de cette nuit d'hiver.

Tonight,
at this very moment, tonight,
I think that even if the gods
set fire to the world
an ember would still be left over
to flame into a rose
in the unknown.

It is not I who thought or said this,
but rather this winter's night,
but rather a moment, already vanished, of this winter's night.

Couleurs des soirs d'hiver : comme si l'on marchait de nouveau dans les jardins d'orangers de Cordoue.

> « Jamais les pâtres à leurs tristes plaintes
> n'auraient mis fin, et dureraient encore
> leurs chants par la montagne seule ouïs
> si, découvrant les nuées peintes
> au coucher du soleil se border d'or,
> ils n'avaient vu qu'était passé le jour ;
> l'ombre déjà
> gagnait le pied touffu
> de la haute montagne, et les deux pâtres,
> comme au sortir d'un songe, s'achevant
> le soleil fugitif avare de lumière,
> emmenant leur troupeau,
> s'en retournèrent chez eux pas à pas . . . »

Colors of winter evenings, as if we were strolling once again in the gardens of Cordoba, with their orange trees.

"Ne'er had the shepherds ceased these songs, to which
　　The hills alone gave ear, had they not seen
　　The sun in clouds of gold and crimson rich
　Descend, and twilight sadden o'er the green;
　　But noting now, how rapidly the night
　Rushed from the hills, admonishing to rest,
　　The sad musicians, by the blushful light
　Of lingering Hesperus, themselves addressed
　To fold their flocks, and step by step withdrew,
Through bowery lawns and pastures wet with dew . . ."

« Les fontaines tintent aux versants les plus hauts des montagnes », c'est un vers de ce Requiem trop ambitieux que j'ai écrit en 1946, un vers né du souvenir alors presque tout proche, mais qui est resté intense en moi à travers les années, de la venue d'un soir d'été dans la montagne ; et je me rends compte aujourd'hui que de tels soirs ont gravé en moi pour toujours cette impression naïve du sublime (je n'éviterai pas ce mot) qui est liée si naturellement aux montagnes et à la venue de la nuit. Je me souviens de la montée de l'ombre nocturne dans le vallon, comme d'une eau fraîche, cette masse d'obscurité venue du fond du paysage alors que les cimes luisent encore comme des bougies, des cierges, que les lampes des rares maisons de bois s'allument et que les étoiles reparaissent, après que l'éclat du soleil les a fait tout le jour oublier ; ces points lumineux épars en haut comme en bas et auxquels on dirait que répondent les sonnailles inégales, intermittentes, dispersées elles aussi, des troupeaux restés dehors dans l'herbe épaisse des pâtures ; comme enfin parle à la lumière lunaire de la neige une longue fontaine haut perdue.

Avant et après beaucoup d'autres, Garcilaso aura dit, en cette fin d'églogue, cet apaisement que l'on croirait gagner jusqu'aux extrêmes limites de l'univers, et ces échos, ces réponses imaginaires qui tissent, pour quelques instants, quelques heures peut-être, une espèce d'entretien dont nous sommes les captifs rassurés et ravis.

"The water in the troughs tinkle on the highest slopes" is a line from that overly ambitious *Requiem* that I wrote in 1946, a line that draws on the memory of a summer evening coming on in the mountains—a memory that was, at the time, almost too recent yet that has remained intense over the years. Today, I realize that such evenings forever marked my mind with that naïve impression of the sublime (I will not avoid this word) linked, so naturally, to mountains and nightfall. I remember how the nightly shadows, like fresh water, would come up the high small valley, the dark mass arriving from the depths of the landscape while the peaks were still shining like candles, or church candles, and how the few wooden houses in our midst would light up and the stars also reappear after the bright sunlight had made us forget about them all day long; points of light which were scattered both on high and down below, and to which cowbells seemingly rang out occasional responses, sometimes loud, sometimes faint, from the similarly scattered pastures where herds would stay outside all night in the thick grass; that is, as water in a trough lost in the high mountains speaks to the lunar light of snow.

Before and after many others, Garcilaso de la Vega will have expressed, by the end of his eclogue, the appeasement that seems to settle in even at the very ends of the universe, and the echoes or imaginary responses that weave for a few moments, perhaps a few hours, a kind of conversation of which we are the reassured, delighted, captives.

Il y avait là, couchés sous les chênes, des rochers qui ressemblaient à d'énormes livres tombés d'une table ou d'étagères géantes après un tremblement de terre.

Si on pouvait tirer encore de cette maigre flûte que l'on est,
un air, un dernier air
avant d'aller rejoindre les pauvres vieux os
qui n'ont plus de visage et de nom que dans votre cœur . . .

Des églantiers qui montent en guirlandes blanches ou roses dans les cyprès comme une ascension d'anges sur des stèles. Se souhaiter pour stèle un cyprès sombre tressé d'églantiers, c'est se rêver déjà ravi au ciel par des oiseaux.

Ce troupeau de robustes chèvres brunes aux longues cornes, une ligne noire marquant l'échine, suivies plutôt que guidées par leur bouc perclus, parmi des arbres desséchés dont les branches craquent comme des os : autant de belles Juives montagnardes toutes prêtes à tromper la surveillance du vieux rabbin sous son taled en loques.

Lying beneath the oaks were boulders resembling enormous books that had fallen from a table or gigantic shelves, after an earthquake.

If we could draw from this thin flute of ourselves
a melody, a last melody,
before leaving to join the poor old bones
that have a name and a face only in your heart . . .

Wild rose bushes climbing into the cypress trees by means of white or pink garlands, like angels ascending a stele. Wanting for your stele a dark cypress tree braided with wild roses means musing that you have already been ravished to heaven by a flock of birds.

Among parched trees whose branches crack like bones, this herd of strong, brown, long-horned goats, each with a black line marking its spine. Followed more than guided by their crippled billy goat, these beautiful, mountain-dwelling Jewesses are ever-ready to outwit the old rabbi in his tattered taled.

APPARITION DES FLEURS

APPARITION OF FLOWERS

Pour réponse, au bord du chemin :
séneçon, berce, chicorée.

Qu'est que j'ai voulu dire là, et que j'ai dit si mal ? Encore une fameuse extravagance ; une chose à peu près impossible à penser et à dire. Un ami était en train de mourir, la maladie s'était démasquée brusquement et ne laissait aucun espoir ; on voyait son esprit se délabrer un peu plus de jour en jour, mais pas assez pour qu'il ne s'en rendît pas compte ; alors, il lui arrivait de pleurer comme un enfant. Il y avait d'ailleurs des moments où, vieillard, il ne pouvait plus parler que le patois de son enfance. C'était comme si on nous rouait nous-mêmes de coups. Je comprenais de moins en moins notre sort ; au fond, je ne comprenais plus rien à rien. Pire qu'ignorant, trente ans après que je m'étais ainsi qualifié : ignare, imbécile. Cependant, c'était l'été, je passais presque tous les jours le long d'une prairie fleurie. (Il faut dire les choses comme elles étaient, mais c'est là que les difficultés commencent.) Quelque chose, une fois de plus, dans ce lieu, m'a surpris et m'a émerveillé (il n'y a pas d'autre mot, bien que l'usage ait tellement affaibli celui-ci, comme maint autre).

D'abord, j'ai cru pouvoir m'expliquer cet émerveillement par la simple surprise : les fleurs de cette prairie, en effet, du moins certaines d'entre elles, n'étaient visibles que le matin (probablement du fait que la trop grande chaleur, ensuite, les amenait à se refermer) ; elles étaient comme une apparition, ces apparitions qui réveillent le regard. Et puis, il s'agissait uniquement de fleurs de trois couleurs : bleu, jaune et blanc, dont je n'avais pas vu souvent la rencontre dans une prairie. Mais tout de même : éprouve-t-on, pour si peu, cette sorte de sourde jubilation qui était la mienne chaque fois que je retrouvais, à mon passage, ces couleurs ? Et passe encore d'en être touché ! Il y avait plus grave, plus incompréhensible, d'où est venue la fin à la fois trop et pas assez énigmatique du poème : je me suis vraiment dit, presque tout de suite, à propos de ces fleurs, qu'elles étaient peut-être la seule réponse à l'horreur dans laquelle nous voyions sombrer notre ami. Proposition qu'on hésite à risquer, qu'il faut risquer pourtant. Proposition que, naturellement, j'ai essayé de comprendre en m'arrêtant, en m'approchant de ce pré. Y croiser Perséphone cueillant ces mêmes fleurs aurait été peut-être un moindre mystère.

> *As an answer, along the path:*
> *groundsel, hogweed, chicory.*

What was I trying to say with those lines, and said so badly? Another notorious extravagance: something nearly impossible to ponder and express. A friend was dying. The illness had suddenly dropped its mask and left no room for hope. We watched his mind decaying a little more every day, but not enough to make him unaware of what was happening; he thus sometimes wept like a child. There were times when the old man could speak only his childhood patois. It was as if we were ourselves being beaten down. I understood human fate less and less; in fact, I no longer understood anything about anything. I was worse than ignorant, now thirty years after I had defined myself as ignorant, imbecilic, in one of my poems. However, it was summer and I would walk nearly every day alongside a meadow in bloom. (You need to tell things as they really were, but this is where the difficulties begin.) Once again, something in this spot surprised me and filled me with wonder: there is no other word even though it, like so many others, has become trite.

At first, I thought this wonder was merely due to surprise: the flowers in that meadow, or at least some of them, were indeed visible only in the morning (probably because the afternoon heat forced the blossoms to close); they were like apparitions, of the kind that rouse the eyes from sleep. Moreover, there were only three colors of flowers: blue, yellow, and white. I had not often noticed these three colors together in a meadow. Yet even so, can the muted jubilation felt every time I came across the colors, as I passed by the meadow, really have been caused by so little? Not to mention being moved more deeply! There was something graver, more incomprehensible, whence the ending at once too and not sufficiently enigmatic of my poem: I really did tell myself with respect to the flowers, and almost immediately, that they perhaps formed the only response to the horror in which we were watching our friend sink. It is a proposition that you hesitate to venture, yet that must be ventured. A proposition that, naturally, I tried to understand by stopping alongside the meadow, by getting closer. To meet up with Persephone picking the same flowers would perhaps have been a lesser mystery.

J'avais donc rapidement identifié, dans ces fleurs, la bleue : la chicorée sauvage, et la jaune : le séneçon ; quant à la blanche, une ombellifère, ma science était plus hésitante. Pour le poème, j'ai choisi « berce » parce que ce pouvait être exact et puis, parce que ce nom avait de la douceur et contenait un vague écho à l'ombelle que portait cette fleur à bout de tige, un peu plus haut que les autres. Nommer simplement ces trois noms en fin de poème, sans autre explication, je pouvais à la rigueur espérer que cela fît l'effet d'une formule magique par son absence même de sens ; c'était une illusion. Je ne pouvais en rester à la botanique ou à une fausse magie. Et si je ne nommais au contraire que les couleurs, je faisais de la peinture sans les moyens de la peinture, et ne communiquais rien non plus de l'essentiel.

Ces couleurs devaient donc bien « donner sur » autre chose (dans mon esprit, mais peut-être aussi, de façon plus profonde, partageable avec d'autres que moi). Le bleu de la chicorée, je le connaissais, c'est l'une des fleurs qui ornent le plus longtemps les talus des chemins. Ce bleu était comme du ciel ; et là, dans la prairie, c'était du ciel épars, qui aurait plu pendant la nuit, une rosée, des morceaux d'air dans l'herbe. (J'aurais pu être tenté d'écrire aussi : des papillons ; ou des regards. Mais non.) C'étaient de presque inapparents morceaux de ciel, disséminés au hasard.

Quant au jaune qui s'y mêlait, s'y alliait, c'était un jaune comme il ne me semble pas qu'on en voie à beaucoup de fleurs des champs, un jaune clair, rien que jaune, n'évoquant ni le soleil, ni l'or, ni la paille ; presque fade, presque insignifiant, c'est-à-dire sans aucun arrière-plan perceptible, ni aucune profondeur ; ne se laissant comparer à rien, n'ouvrant apparemment, lui, sur rien. Naïf ? à la rigueur. Fade et naïf. M'en approcher ne m'avançait guère.

Enfin le blanc, lui aussi, était au fond plutôt quelconque, sans éclat ni magie, presque terne ; simplement léger, porté légèrement à une certaine hauteur, en couronnes prodiguées là sans grand faste par la nature. Était-ce justement le fait que ces couleurs m'échappaient, que ces fleurs dans la prairie m'échappaient, qui leur a permis de m'apparaître un instant comme des clefs de ce monde, et de l'autre ? L'autre, où Perséphone fut engloutie alors qu'elle cueillait des fleurs.

I thus quickly identified the blue hue among the flowers: wild chicory; and the yellow: groundsel; as for the white, it was one of the umbelliferae but I had doubts about the specific variety. For the poem, I chose "berce" (hogweed) because this name was perhaps correct after all; moreover, the French word had a soft sound to it, including a vague echo of the umbel that the flowers formed at the end of their stems, which in addition rose a little higher than those of the other flowers. By simply listing these three names at the end of the poem, without providing any other explanation, I could possibly hope that they would have the effect of a magic formula because of their very absence of meaning. This was an illusion, and I could not content myself with botany or false tricks. And if, on the other hand, I mentioned only the colors, I would be painting a picture as it were, but without the means of painting, and would I be communicating nothing essential, either.

These colors thus "looked out on" something else (that was in my mind, but perhaps also, in a deeper way, that could be shared with others besides myself). I already knew well the blue of the chicory: it is one of the flowers that most lastingly embellish embankments alongside paths. It is a sky-like blue and there, in the meadow, it became scattered bits of sky that had rained down during the night; or dew; or little pieces of air in the grass. (I might also have been tempted to write: butterflies, or gazing eyes. But no.) Nearly unapparent bits of sky, tossed out at random.

As for the yellow mixing and matching up with the blue, it was of a hue that, it seems to me, is rather rare among yellow field flowers: a light yellow that is nothing else than yellow and evokes neither the sun nor gold nor straw; an almost dull, almost insignificant yellow; that is to say, with no perceptible depth or background. It cannot really be compared to anything and, apparently, opens out onto nothing. Naïve? Possibly. Dull and naïve. Getting closer to this yellow hardly helped me to make progress.

Finally, the white was also somewhat ordinary, lacking both brightness and magic, and almost drab; it was simply delicate, worn lightly and aloft in the crowns with which nature had lavished the meadow, though otherwise without much pomp. Was it precisely because the meadow flowers and the colors eluded me that they momentarily appeared to be the keys to this world, and the other one? The other one, in which Persephone was swallowed up as she was picking flowers.

Je ne comprenais donc toujours rien, je ne pouvais toujours rien dire. Écrire seulement « jaune, bleu, blanc », c'eût été faire flotter un drapeau là où il n'y avait que du multiple, du mêlé, du presque insignifiant, de l'épars ; une vague rumeur.

Des couleurs qui s'allument un peu partout, qui s'éclairent, plutôt ; une petite fête de fleurs, une fête d'enfants : quelque chose de naïf, de léger, de candide. Et pas de rouge ! Rien qui rappelle le sang ou le feu, même transfigurés. Pas même de rose comme sur une joue de femme ! Des couleurs comme on en voyait aux vieilles bannières des processions, qu'il n'y a plus.

Couleurs enfants, prodiguées ; matinales. Serait-ce une chanson dans une classe d'école, que l'on aurait surprise quand on passe devant ? Ou un cantique un peu simple, flottant au-dessus des têtes avec les bannières des Rogations ?

Trop longs détours, pour le plus bref conseil.
Détours trop compliqués, pour la chanson la plus naïve.

Il faudrait qu'il n'y eût plus de « comme » en écran, ou que le « comme » éclairât.

On nous rouait de coups, cet été-là (il y a toujours, quelque part, un corps roué de coups). On nous montrait le rapide délabrement d'une pensée, d'un cœur. (Une fleur ne se délabre pas, ne bafouille pas, ne pleure pas.) Aucun besoin de prêche : voyez là ce qui vous attend. Pendant que ces fleurs s'ouvrent, puis s'éteignent, jour après jour.

Autrefois, dans un verger d'amandiers tout proche de cette prairie, j'avais vu transparaître le visage douloureux d'une femme qui perdait pied lentement et, de ce lieu, altérer pour longtemps la lumière de neige. Cela se comprenait. Aujourd'hui, j'étais amené à dire l'inverse, qu'un éparpillement de fleurs répondait à mon dégoût, à ma peur de l'enfer où l'homme est parfois jeté, l'absorbait, ainsi qu'une vive lumière absorbe certains jours les montagnes.

(C'étaient, je m'en avise, des couleurs de mésanges, des couleurs dites froides, portées par des oiseaux d'hiver. Dont le nom rime avec ange, alors que ce sont de vrais petits ogres ailés, voraces et batailleurs.)

I still understood nothing and could say nothing. Writing "yellow, blue, white" would have been like flying a flag over a place where there was only multiplicity, mixture, near insignificance, dispersion; only a vague murmur in the meadow.

Colors that turn on like lights here and there, nearly everywhere; in fact, that brighten; a little flower party, a children's party: something naïve, lightweight, ingenuous. And no red! Nothing recalling blood or fire, even transfigured. Not even the rose of a woman's cheek! Colors that used to be seen on old church procession banners and no longer exist.

Child colors lavishly handed out, morning colors. Could it be a classroom song that you chance upon as you walk by? Or a somewhat simple canticle hovering above heads and banners during rogations?

Detours much too long for the briefest hint.
Detours much too complicated for the simplest song.

It would be better if "like" and "as" stopped being screens, or cast light.

We were beaten down that summer (there is always, somewhere, a body being beaten down). We were shown the rapid ruin of a mind, a heart. (A flower does not fall to ruin, talk gibberish, weep.) There was no need for a sermon: look at what awaits you. As the flowers opened, and closed, day after day.

A long time ago, the distressed face of a woman gradually loosing her footing in the world appeared to me in an almond orchard that stands near this meadow; and for many years afterwards the snowy light of this spot was also altered. That was understandable. Today, I was induced to say the opposite, that a scattering of flowers responded to my disgust, to my fear of the hell in which a human being is sometimes thrown; that the flowers even absorbed my disgust, even as a bright light absorbs mountains on certain days.

(I suddenly realize that the colors were those of titmice—colors taken on by winter birds and considered to be cold. Their French name, "mésanges," rhymes with "anges" [angels], though they are actually feisty, voracious, little winged ogres.)

Jaune, bleu, blanc : couleurs de salle d'eau, couleurs de faïences. Je me rappelle maintenant ces jardins d'Andalousie ou du Portugal où la faïence semble être à elle seule l'eau, le ciel et la fontaine. (Et des citrons éclairent l'ombre, sûrement, tout près.) Je me rappelle aussi une matinée à Lisbonne, un déjeuner entre amis au bord du Tage, où il y avait eu ces mêmes trois couleurs, le bleu et le blanc s'enroulant à des poteaux pareils à ceux où l'on amarre les gondoles à Venise, le jaune peint je ne sais plus sur quoi, peu importe, et ces couleurs dans une lumière d'argent qui, comment dire ? les affinait, les allégeait, les emportait vers un ciel aussi avenant que la terre, dans un étincellement égal à celui du Tage lui-même ; comme si le Temps lui-même scintillait.

Que la pensée erre donc, voyage heureuse et revienne, heureuse encore, à son foyer.

Le vieil homme n'a pas survécu longtemps à ces fleurs apparues. Naturellement, elles n'ont pas sauvé, elles ne nous ont pas consolés, elles ne sauveront ni ne consoleront personne. Nul n'échappe au déclin dans des visions. Les saints pourrissent comme nous autres. C'est au moins une certitude. Et pourtant . . .

Perséphone, fille de la Terre, cueillait des fleurs quand le sol s'ouvrit sous ses beaux pas.

Alors, bien sûr, il y a l'invisible, ou le dérobé. Rien, surtout, qui ressemble de près ou de loin aux esprits toujours plus ou moins troubles ou dérisoires qu'invoquent les occultismes, aux fantômes, aux démons. Pas de culte, pas de rite, même s'ils peuvent, s'ils ont pu aider, autrement. Ni ascèse, ni transe, ni extase. L'étrangeté la plus grande, sans trace d'étrangeté.

Hölderlin a écrit que tout ce qui jaillit pur, en pureté, tout pur surgissement est énigme.

Yellow, blue, white: colors of a tiled bathing room, earthenware. I now remember those gardens in Andalusia or Portugal where earthenware tiles seem themselves to be the water, the sky, and the fountain all at once. (And lemons are surely casting light on the nearby shade.) I also recall a morning in Lisbon, followed by a lunch with friends on the banks of the Tagus, when the same three colors were present: the blue and the white draped around posts like those to which gondolas are moored in Venice, and the yellow painted on . . . I no longer remember on what exactly, but little matter. The colors were enveloped in a silvery light that—how to put it?—refined them, lightened them, lifted them up to a sky as pleasant in appearance as the earth, all in a sparkling equal to that of the Tagus itself; as if Time itself were twinkling.

May thought thus wander, roaming happily and then returning, still happy, to its hearth.

The old man did not long outlive the apparition of the meadow flowers. Naturally, they did not save him, nor console us; flowers neither save nor console anyone. No one escapes from decline by having visions. Saints rot just as we do. At least this is a certainty. And yet . . .

Persephone, daughter of the Earth, was picking flowers when the ground opened beneath her beautiful footsteps.

Of course the invisible, or the hidden, does exist. However, nothing of it closely or even remotely resembles ghosts, demons, and the always more or less shapeless or ludicrous spirits invoked by occult beliefs. No cult, no rite, either, even if they provide or provided help in other ways. No ascetic regimen, no trance, no ecstasy. The greatest strangeness, without a trace of strangeness.

Hölderlin wrote that anything surging forth purely, in purity, any pure surging forth, is an enigma.

Il y aurait une circulation invisible manifestée ainsi par des signes ; les signes seraient frêles, comme nous sommes friables, mais la circulation continuerait au-delà de toute espèce de cassure. Un vagabond peut entrevoir cela, recevoir pareille aumône. Vite dissipée, probablement.

> *En ce monde nous marchons*
> *sur le toit de l'enfer*
> *et regardons les fleurs.*

C'est le lieu de citer de nouveau ce poème d'Issa, le Japonais. Il y a peut-être un lien, pas seulement une contradiction, entre l'enfer et les fleurs. On pourrait en venir à dire cette chose folle, qui paraîtra indécente aujourd'hui, qui l'aurait été de tout temps, car il y a longtemps que l'enfer a émergé à la surface de notre monde : qu'elles parlent plus haut que lui ; ou qu'elles parlent de ce qui pourrait l'emporter à la fois sur elles et sur lui.

Fontaine. Soleil clair, soleil écolier. Et ce matin, pas le moindre reflet de sang ou de feu, pas la moindre colère, pas la plus petite tentation ! Fontaine, au premier soleil.

Mésanges désormais apaisées.

Une part invisible de nous-mêmes se serait ouverte en ces fleurs. Ou c'est un vol de mésanges qui nous enlève ailleurs, on ne sait comment. Trouble, désir et crainte sont effacés, un instant ; mort est effacée, le temps d'avoir longé un pré.

Certain signs thus suggest a sort of invisible circulation; they are frail signs even as we are friable, but the circulation presumably continues beyond all kinds of breaking down. A tramp can glimpse this, receive such alms—that he probably quickly squanders.

> *In this world we walk*
> *on Hell's roof,*
> *gazing at the flowers.*

The time has again come to quote these lines by Issa, the Japanese poet. There is perhaps a connection, and not only a contradiction, between hell and flowers. We might well end up making this outrageous statement, which will seem obscene today and has been so in all ages, for whether flowers raise their voices above that of hell or speak of what could finally prevail over both it and themselves, hell has long emerged on the surface of our world.

Fountain. Bright sun, schoolchild sun. And that morning, not the slightest reflection of blood or fire, not the slightest tantrum, not the slightest temptation! Fountain, in the first rays of sunlight.

The titmice, quieted down.

An invisible part of ourselves seemingly opened in those flowers. Or a flight of titmice sweeps us off elsewhere, who knows how. Confusion, desire and fear are effaced for a moment; death is effaced, for as long as it takes to walk along a meadow.

Le mince croissant de la lune aperçu le soir dans le jardin, la serpe qui est pure illusion, qui est chose aiguë mais aussi doucement lumineuse, la « serpe de lait » qui perdra vite sa forme, qui s'inscrit un instant dans le ciel du couchant et surprend toujours, qui vous accompagne avec fidélité, lointaine, mais présente. À l'image de la serpe se lie inévitablement celle de la main qui devrait la tenir, de la moissonneuse dans quelque cortège en l'honneur de Cérès — comme si, d'une fête, n'était visible qu'un emblème au-dessus de la foule cachée par la nuit ; une chose ressentie naïvement comme bonne, amicale, à cause de l'atténuation, dans ce reflet, de l'autre lumière qu'on ne peut regarder en face. Et l'on se dit : elle est encore là, une fois de plus, elle m'est donnée sans bruit, sans histoires, et pas à moi seulement, comme depuis le commencement du monde auquel sa lueur semble me lier. C'est une serpe et c'est un lien. Cela chemine, fidèle, à croire qu'il y a vraiment là-bas un gardien faisant sa ronde pour nous défendre de la nuit.

The thin crescent of the moon spotted in the evening in the garden, the "billhook" that is pure illusion, that is something at once sharp and softly luminous, the "milky billhook" that will soon lose its shape, that momentarily enters the sky at sunset and always surprises you, that accompanies you faithfully, far away yet present. With the image of the billhook is inevitably linked that of the hand that should be holding it, of some harvest woman in a procession in honor of Ceres—as if the only thing visible during the festivities were an emblem held above a crowd hidden by the night; a thing naively sensed as good, as friendly, because it dims, while reflecting, that other light at which we cannot look directly. And you tell yourself: there it is again, one more time, for me, silently, merely present, and not only for me, present as it has been ever since the beginning of the world to which its gleam seems to bind me. It's a billhook and a bond. And all this faithfully follows its course, to the extent that you believe that there might really be a watchman over there, making his rounds to protect us from the night.

Je me rappelle aussi ces cortèges d'enfants porteurs de lanternes allumées, autrefois. Il n'y en aurait plus qu'un, attardé, tranquille, têtu. Pour rappeler qu'il y a une enfance, une joie timide, naïve, presque aveugle ; une chanson.

L'oiseau, dans le figuier qui commence tout juste à s'éclaircir et montre sa première feuille jaune, n'était plus qu'une forme plus visible du vent.

Brûlant des ronces à la fin du jour, j'ai vu soudain approcher du brouillard, silence devenu visible, fumée humide et froide montée de l'eau plutôt que d'un feu, exhalaison de la terre détrempée, souffle tout à coup froid comme de l'acier, menace peut-être, mais que j'aimais parce que réelle, parce que vivante, parce que « vraie » ; comme si tout valait mieux que des pensées et que la mort.

Un troupeau qui serait venu sans le moindre bruit me lécher la main d'une langue froide. Tandis que la nuit aussi approchait.

I also recall those former processions of children carrying lighted lanterns. It seems that only one child has lingered behind, quietly, stubbornly, in order to show that childhood exists—a shy, naïve, almost blind joy; a song.

The bird in the fig tree that is just beginning to brighten and show its first yellow leaf was merely the wind in a more visible form.

While burning brambles at the end of day, I suddenly saw the fog approaching: silence become visible, damp cold smoke rising from water instead of a fire, exhalation of the soaked earth, breath suddenly cold like steel, a threat perhaps—but I loved that fog because it was real, alive, "true"; as if anything mattered more than thoughts and death.

As if a herd of sheep, without the slightest noise, had come up to me and licked my hand with their cold tongues. While night was also approaching.

APRÈS BEAUCOUP D'ANNÉES
(*extraits*)

from
AFTER MANY YEARS

Les pivoines

The Peonies

Elles n'ont pas duré.

Tout juste le temps d'être de petites balles, de petits globes lisses et denses, quelques jours ; puis, cédant à une poussée intérieure, de s'ouvrir, de se déchiffonner, comme autant d'aubes autour d'un poudroiement doré de soleil.
Comme autant de robes, si l'on veut. Si vous y incite l'insistante rêverie.

Opulentes et légères, ainsi que certains nuages.

Une explosion relativement lente et parfaitement silencieuse.

La grâce dérobée des fleurs.

Parce qu'elles s'inclinent sous leur propre poids, certaines jusqu'à terre, on dirait qu'elles vous saluent, quand on voudrait les avoir soi-même, le premier, saluées.

Ainsi groupées, on dirait une figure de ballet.

Comme *la Danse* de Carpeaux, devant l'Opéra (du moins le souvenir qui m'en revient), les unes tournées vers le ciel, d'autres vers la terre.

Pour les saisir, il faut s'en éloigner.
Que verra-t-on, alors ? Une figure dessinée sur le miroir par la buée ? Un jeu de balles ?

Je vous salue, arbuste plein de grâce.

They have not lasted.

Just enough time—a few days—to exist as little balls; as small, sleek, dense globes; then, obeying an inner impulse, to open up, to smooth themselves out, like so many dawns around golden powdery suns.

Like so many gowns, if you will. If the insistent daydream incites you to such a simile.

Light and opulent, like certain clouds.

A relatively slow, perfectly silent explosion.

The stealthy grace of flowers.

Because they bow under their own weight, some of them all the way to the ground, they seem to greet you when you wish you had greeted them first.

Grouped together, they look like a ballet figure.

Like the women in Carpeaux's *Dance* on the front of the Opera (at least as I remember it now): some of them turned toward the sky, the others toward the earth.

To grasp them, you have to move away.
What will you see, then? A figure drawn by breath on the mirror? A ball game?

I greet you, graceful shrub.

Mais revoici une fois de plus le vieil homme, avec ou sans complice, épiant Suzanne à travers quelque haie ! Je le voyais venir, d'autant que ce n'est pas tout à fait arbitraire : un regard un peu trouble comme l'est le sien, le leur, peut bien s'imaginer surprendre là une figure de ballet, entre mousse et satin, avec la révérence finale, jusqu'à terre, le salut qui vaut aussi pour vous, après tout, rêveurs perclus !

Mais le rideau tombe vite, toujours trop vite, quelles qu'aient été la grâce des saluts, la chaleur des applaudissements. Et vous vous retrouvez un peu plus voûtés, un peu plus frileux, dans la rue noire.

(Ce vieil homme, avec ou sans complice, on pourrait le suivre, au retour de pareille soirée, jusque chez lui ; décrire, minutieusement ou non, son logis, où la solitude irrémédiable fait passer un courant d'air froid même aux plus beaux jours de l'année ; raconter comment il se défend contre l'absence d'espoir, la fatigue, le souci, par quelles inventions ingénieuses ou naïves ; de quelles frêles barrières il s'entoure, repoussant ainsi, avec une touchante patience, l'avance du froid qui le menace, alors même qu'il sait n'avoir aucune chance de gagner. Ces choses-là peuvent et ont pu être dites, ne serait-ce que pour rendre hommage à la vaillance humaine ; ou, au contraire, pour dénoncer la cruauté, la monstruosité de l'ennemi qui a tant de noms et n'en a aucun. Mais je préfère décidément jouer le valet presque invisible qui suspend encore dans les feuillages ces quelques lanternes de papier blanc et rose, comme si l'on pouvait encore aujourd'hui fêter une fête, même une fête des morts, dans ce monde vermoulu.)

Les voyeurs bénins abandonnés à leur mélancolique obsession, verra-t-on plus clair qu'ils ne l'ont fait ? Faudra-t-il, pour cela, plus d'attention ou plus d'insouciance ? Plus, ou moins de détours ? Sûrement, plus d'ingénuité.

Opulentes, épanouies et légères à la manière de certains nuages (qui ne sont, après tout, que de la pluie encore en ballot, tenue en main) ; de nuages arrêtés, sans s'effilocher, dans les feuilles.

Pas plus nuages, néanmoins, que robes déchiffonnées : pivoines, et qui se dérobent, qui vous échappent — dans un autre monde, à peine lié au vôtre.

But here once again is the old man, with or without an accomplice, spying on Suzanne through a hedge! I knew he would show up, for this is not mere happenstance: a rather distraught look like his, or theirs, can well imagine chancing upon a ballet figure here, amid tulle and satin, with the final bow all the way to the ground, after all, being a farewell also destined for you, crippled dreamers!

But the curtain falls quickly, always too quickly, however graceful the farewells, however warm the applause. And you find yourselves a little more hunched over, and shivering a little more, in the black street.

(You could follow this old man, with or without an accomplice, as he returned home from such an evening; describe, in minute detail or not, his lodgings where irremediable solitude lets in chilly drafts even on the mildest days of the year; tell how he defends himself—through whatever ingenious or ingenuous inventions—against weariness, worry, a lack of hope; how he surrounds himself with whatever fragile barriers, thereby staving off, with touching patience, the onslaught of the cold threatening him, although he knows that he has no chance of winning. Such things can be and could have been said, if only in tribute to human valor; or, on the contrary, to denounce the cruelty and monstrosity of an enemy that has many names, and none. But I obviously prefer taking on the role of the nearly invisible valet who still hangs these few white and pink paper lanterns in the foliage, as if it were still possible to celebrate some festival today, even a festival of the dead, in this worm-eaten world.)

Will we ever see more clearly than these harmless voyeurs given over to their melancholy obsession? For this to happen, will we need to be more attentive or carefree? To take more, or fewer, sidetracks? Certainly, we will need to be more ingenuous.

Opulent, in full bloom, yet light like some clouds (which, after all, are mere bundled rain held in a hand); unfraying clouds held in check amid leaves.

Actually, neither clouds nor smoothed out gowns: they are peonies, and they steal away, slip away from you—into another world, barely linked to yours.

C'est la plus ancienne fleur dont je garde le souvenir, dans le jardin, encore vaguement visible, de très loin : fleur pesante, mouillée, comme une joue contre mon genou d'enfant, dans l'enclos de hauts murs et de buis taillés.

Cela se fripe vite, devient vite jaunâtre et mauve, comme de vieilles lettres d'amour dans un roman à la Werther.

Une passion sans lendemain, rien qu'une rougeur aperçue à travers un rideau de joncs tels qu'on en installe aux premières mouches de l'été.

(Comme on dit volontiers : « tout cela est bien beau, mais encore ?... »)

Elles n'auront pas longtemps orné ce coin de jardin.

Pourquoi donc y a-t-il des fleurs ?

Elles s'ouvrent, elles se déploient, comme on voudrait que le fassent le temps, notre pensée, nos vies.

L'ornement, l'inutile, le dérobé.

Saluez ces plantes, pleines de grâce.

Parure, vivante, brièveté changée en parure, fragilité faite parure.

Avec ceci de particulier, sinon de plus, qu'elles pèsent, qu'elles s'inclinent, comme trop lasses pour porter leur charge de couleur. Quelques gouttes de pluie et ce serait l'éparpillement, la défaite, la chute.

It is the oldest flower that I recall; still vaguely visible from far off, in the garden: a heavy moist flower like a cheek against my infant knee, within the enclosure with its high walls and trimmed boxwood.

They quickly crumple, become mauve and yellowish, like old love letters in a *Werther*-like novel.

A passion with no future, merely a redness spotted through one of those cane curtains that you hang across doors when the first summer flies appear.

(As one readily says: "All this is just fine, but what now? . . .)

They will not long have ornamented this corner of the garden.

Why then do flowers exist?

They open, they unfold, as we wish time, our thoughts, our lives would do.

Ornamentation, uselessness, what steals away.

Greet these graceful plants.

Living finery, brevity turned into finery, frailness made into finery.

With this in particular, if not in addition: that they are heavy, that they bow down, as if too weary to bear their burden of color. A few raindrops, and the dispersal, the undoing, the downfall would ensue.

Plus je me donne de mal, et bien que ce soit à leur gloire, plus elles se retranchent dans un monde inaccessible. Non qu'elles soient farouches, ou moqueuses, ou coquettes ! Elles ne veulent pas qu'on parle à leur place. Ni qu'on les couvre d'éloges, ou les compare à tout et à rien ; au lieu de, tout bonnement, les montrer.

C'est encore trop que d'écrire qu'elles ne veulent pas, ou veulent quoi que ce soit. Elles habitent un autre monde en même temps que celui d'ici ; c'est pourquoi justement elles vous échappent, vous obsèdent. Comme une porte qui serait à la fois, inexplicablement, entrouverte et verrouillée.

N'empêche que, s'il fallait passer par une ressemblance avec autre chose qu'elles, la plus juste serait, pour chacune, avec une aube, avec un épanouissement de rose et de blanc autour du pollen, du poudroiement doré du soleil, comme si elles étaient chargées d'en garder mémoire, d'en multiplier les preuves, d'en rafraîchir le sens.

Je ne sais quoi, qui n'est pas seulement un souvenir d'enfance, les accorde avec la pluie. Avec une voûte, une arche de verdure. Elles vont ensemble : est-ce à cause des nuages ?

Avant que n'approche la pluie, je vais à la rencontre des pivoines.

Elles n'auront pas duré.

Approchées, même pas dans la réalité de telle journée de mars, rien que dans la rêverie, elles vous précèdent, elles poussent des portes de feuilles, de presque invisibles barrières. On va les suivre, sous des arceaux verts ; et que l'on se retourne, peut-être s'apercevra-t-on que l'on ne fait plus d'ombre, que vos pas ne laissent plus de traces dans la boue.

The more trouble I take, and although it is to their glory, the further they withdraw into an inaccessible world. Not that they are shy, or scoffing, or coquettish! They do not want anyone to speak up for them. Nor to cover them with praise or compare them to anything and everything; instead of pointing to them, simply enough.

It is even too much to write that they "do not want" or "want" anything at all. They dwell in another world at the same time as this one; this is precisely why they slip away from you, obsess you. Like a door that would be, inexplicably, both half-open and bolted shut.

All the same, if you had to seek out a resemblance to something other than what they are, the most accurate one, for each peony, would be a dawn; an unfolding of pink and white around pollen, around the golden powdery sun, as if they were responsible for preserving the memory of this, for offering proof of it time and again, for refreshing its meaning.

I do not know what it is, beyond mere childhood memories, that puts peonies into harmony with the rain. With a vault, an archway of greenery. They go together: is this because of clouds?

Before the rain approaches, I go to meet the peonies.

They will not have lasted.

Once approached—not even in the reality of a March day, but in a mere daydream—they go before you, pushing open leafy doors, almost invisible barriers. You are going to follow them, beneath the green arches; and if you look back, perhaps you will see that no shadow is cast behind you, that your steps leave no more tracks in the mud.

Eaux de la Sauve, eaux du Lez

Waters of the Sauve, Waters of the Lez

Ici, la lumière est aussi ferme, aussi dure, aussi éclatante que les rochers. Mais il y a, jetés sur eux, ces velours, ces toiles usées, cette laine râpeuse. C'est toute la montagne qui s'est changée en troupeau, en bergerie. Tout est lié, tout se tient, tout tient ensemble, comme au premier jour. C'est pourquoi on est dans cet espace immense comme dans une maison qui vous accueille sans vous enfermer.

C'est ici qu'est né le jour, aujourd'hui.
Aucun doute ici n'a lieu. Tout est debout, tout est ferme et clair. Tout est calme.
Bien que ce ne soit, nécessairement, qu'un moment du jour et de la saison, un moment de nos vies, bien que, dans ce moment infime, nous soyons suspendus, infimes, à ce qui peut n'être qu'un peu de braise et de poussière dans un emboîtement sans fin d'abîmes noirs, ce lieu et ce moment ne sont pas un rêve ; et quelque chose dans les liens qui nous y attachent ne peut être mesuré, pesé, évalué.
Tout tient ensemble par des nœuds de pierre. Comme il y a très longtemps. À cette lumière éclatante, on peut s'appuyer, s'adosser. C'est la seule forteresse imprenable que j'aie jamais vue.

Nous ne sommes pas très haut, pourtant. Il y a encore ici un dernier verger, défleuri, sur fond de pierre et de terre poussiéreuse ; des chemins qui se perdent bientôt dans de rudes buissons de buis ; le dernier paysan à vivre à cette altitude, s'il vous apercevait, vous tournerait le dos (il a dressé autour de sa ferme, pour la défendre, ou pour tromper sa solitude, de petits totems de ferraille et de vieux bois). Même ici, donc, des choses se passent, des mouvements, des changements se font ; le temps, quoi qu'il en semble, n'a pas cessé de s'écouler. Par exemple, on voit gravir la crête d'une montagne l'ombre, en forme de montagne, d'un nuage. N'empêche : rien ne tremble, rien ne se trouble, rien ne semble se dissiper.

On est debout sur un bastion, après que la paix a été signée, ou une trêve consentie.

Here the light is as firm, as harsh, as bright as the boulders. But cast upon them are these velvet cloths, these worn-out canvas fabrics, this rough wool. The entire mountain has turned into a herd, a sheepfold. Everything is linked, coherent, held together as on the first day. This is why being in this immense space is like being in a house that embraces you without shutting you in.

Here is where the daylight was born, today.
No doubt arises here. Everything is standing upright, everything is firm and clear. Everything is calm.
Even though this is necessarily only a moment of the day and the season, an instant of our lives—although we are infinitesimal beings who dangle, in this infinitesimal moment, from what can only be a little dust and ember in an infinite regress of black abysses—this place and this moment are not a dream; and something in the bonds that tie us to them cannot be measured, weighed, evaluated.
Everything is held together by stone knots. Like very long ago. We can lean on, lean back against, this bright light. It is the only impregnable fortress that I have ever seen.

Yet we have not hiked up very high. Rising from stone and dusty ground, a last flowerless orchard is still here along with some paths that soon vanish among rough boxwood bushes. If the last farmer living at this altitude saw you, he would turn his back (and he has raised small totems made of iron or old wood around his farm in order to defend himself or outwit his solitude). Even here, therefore, things happen; movements, changes take place; however it may appear, time has not stopped flowing. For example, we can see the mountain-shaped shadow of a cloud climbing the ridge of a mountain. All the same: nothing trembles, nothing blurs, nothing seems to be dispersed.

We are standing on a bastion after a peace treaty has been signed or a truce made.

Celui qui douterait que le monde soit, qui douterait, lui-même, d'être, se guérit, ici, de ce qui n'est plus que maladie, ou faiblesse, ou lâcheté. Cette terrasse aux dalles disjointes, envahies par l'herbe couleur de paille, est aussi réelle, sous cette lumière-ci, que la plus vive douleur.

Et voici que, taries depuis plusieurs étés, les eaux de la Sauve, nées dans ces hauteurs, redescendent aujourd'hui les marches de pierre jaune qu'elles ont creusées comme les pas un escalier, dans une très vieille maison. On les dirait d'autant plus vives et limpides qu'elles sont comme neuves. Presque tout au long du chemin, des barrières, des cloisons de feuilles brillantes les dérobent au regard, ou confondent leurs étincelles. Au premier tournant où elles se dévoilent enfin, impossible de ne pas s'arrêter. On s'agenouille pour y baigner ses mains ou pour y boire. La roche où elles glissent est jaune, ensoleillée ; aussi douce que la paume qui a cueilli cette grappe d'eau.

Ce n'est encore, ici, qu'un torrent. Une hâte transparente et qui devient plus loin, pour peu que le courant ralentisse et s'étale, une coupe d'opaline au pied des rochers.

Je me rappelle alors ces paroles d'Hésiode, vieilles de vingt-huit siècles : « Que tes pieds ne franchissent pas les belles ondes des fleuves éternels, avant que tu n'aies, les yeux tournés vers leur beau cours, fait une prière, tes mains d'abord lavées dans l'eau aimable et blanche . . . »

Tout tient ensemble, ici, aujourd'hui. Même la buée des premières feuilles ombrageant les berges. Rien ne parle d'exil. Rien ne parle de ruine, même pas les ruines. Rien ne parle de perte, même pas ces eaux fugitives, tellement claires qu'on croit que c'est le ciel lui-même qui les a déléguées jusqu'à nous sur ces degrés de pierre.

He who would doubt that the world exists, who would doubt that he himself exists, is healed here of what is now mere sickness, weakness, or cowardice. In this light, this terrace with its loose flagstones invaded by straw-colored grass is as real as the sharpest pain.

And look: the waters of the Sauve, which are born at these heights yet which have been dried up for several summers, today flow back down the yellow stone steps that they have dug out like a staircase in a very old house. The waters look all the livelier and clearer because they seem new. Almost all along the path various barriers, and partitions of shiny leaves, conceal the waters from view or blend confusingly with their sparkling. At the first turn where they at last appear again, it is impossible for us not to stop. We kneel down to bathe our hands or to drink. The rock over which the waters slide is yellow, sunlit; as smooth as the palm that has scooped up this cluster of water.

Here, the waters still form only a torrent. A transparent haste which, further on, once the current slows down and spreads out, becomes an opaline bowl at the foot of boulders.

I then recall Hesiod's words, twenty-eight centuries old: "Never cross the sweet-flowing water of ever-rolling rivers afoot until you have prayed, gazing into the soft flood, and washed your hands in the clear, lovely water . . ."

Everything holds together here today. Even the mist given off by the first leaves shading the banks. Nothing speaks of exile. Nothing speaks of ruins, not even the ruins. Nothing speaks of loss, not even these fleeting waters, so clear that you believe that the sky itself has sent them as messengers all the way down to us, on these stone steps.

Là où le lit de la rivière, assez large, n'était plus depuis des mois que pierraille, argile craquelée, ossements d'arbres et roseaux desséchés, mélange de jaune et d'argent terni, couleur de mort ou peu s'en faut, les voici du jour au lendemain lâchées de nouveau, désengourdies, sorties de leur sommeil, prodigieusement rapides là-bas contre la rive opposée qu'elles entament déjà du seul fait de leur course qu'à propos de toute autre créature on dirait folle, échevelée ; mais ce n'est pas cela . . .

Hâtives, certes oui ! mais nullement inquiètes, nullement fiévreuses ; toujours, comme toutes eaux sauvages, trop claires et vives pour que rien les assombrisse.

Course rapide, heureuse dirait-on mais en réalité étrangère à toute émotion de ce genre, course qui n'est visible que grâce aux obstacles que le fond lui oppose, grâce au frein, au mors des cailloux, des branches mortes, où elles écument soudain comme des chevaux.

Comme des chevaux courant si vite sous la cravache qu'ils semblent s'étirer, s'aplatir, raser le sol du champ gazonné pour offrir moins de résistance à l'air : une cavalcade vue de loin, sur des sabots non de corne, mais de soie.

Une bousculade orientée, comme au sortir d'une salle de classe, quand chacun veut être le premier dehors pour, enfin, s'ébattre, ou rentrer chez soi. (Si l'on veut.)

Elles écument, elles fleurissent au moindre obstacle ; pas tellement différentes, en un sens, des vergers en fleurs, s'ils pouvaient fuir . . .

À ce gué-ci, nul besoin de boire : la vue suffit à désaltérer !

Vives, fraîches, nombreuses, insaisissables, prodigues.
Ô très vives, mais insouciantes, ô coureuses, au ras des berges basses. Elles courent, elles passent, mais s'accroissent de leur élan. Elles glissent, vite mais sans presque faire aucun bruit, parce que la pente est faible, pas plus que n'en feraient des flèches : fuite qui brille et abreuve.

Where for months the rather wide riverbed had been mere rocks, cracked clay, dried-up tree-bones and reed-bones—dull silver and yellow blended into a deathly color or nearly so—, look at how overnight the waters have been released once again, losing their numbness, awakening from sleep, flowing incredibly fast down there against the opposite bank, from which they have already channeled out portions merely because of this headlong race that for any other creature would be called wild, crazy; but it is not this . . .

Hurrying along, yes, of course! But by no means anxious, feverish; like all wild waters ever too clear and fast-flowing for anything to darken them.

A fast "happy" race, one might say, but in fact alien to any emotion of this kind; a race visible only because of the obstacles that the water bottom has raised, only because of the bridle bits formed by rocks and dead branches, where the waters suddenly slow down and froth as horses do.

Like horses galloping so fast under the riding whip that they seem to stretch out, flatten out, skim across the grassy field in order to reduce their resistance to the air: a cavalcade seen from afar, on hooves made not of horn but rather of silk.

An oriented rush, as when schoolchildren streak out of a classroom, each one wanting to be the first one outside to frolic about, or to go home. (If you will.)

The waters foam, burst into bloom at the slightest obstacles; in a sense, they are not all that different from orchards in bloom, if orchards could flee . . .

At this ford in the stream, no need to drink: the view suffices to quench your thirst!

Fresh, fast-flowing, numerous, ungraspable, prodigal.
O fresh, fast-flowing, yet carefree waters. O rushing waters, brimming along the low banks. They rush by, flow by, widening from their momentum. They slide along quickly, yet almost noiselessly because the slope is slight; no more noise than arrows would make: fleeing that shines and imbrues.

Jaillies des pierres en étincelles fraîches. Jaillies de la forge des eaux.

On dirait qu'elles rêvent d'aller de plus en plus vite, que leur plaisir est dans la hâte, que peu leur importe où elles courent. Turbulentes. Ivres de courir. Ivres, mais pures. Hölderlin a écrit une fois, de l'eau d'un lac où il voyait des cygnes plonger leur tête, qu'elle était « sobre » et « sainte », ou « sacrée ». Il voulait dire probablement par « sobre » : « retenue », « maîtrisée » comme doit l'être l'esprit de l'homme confronté au divin, et comme peut le suggérer le miroir tranquille et limité d'un lac. Ces eaux-ci sont à la fois ivres et pures ; on n'en voit pas le commencement, ni la fin.

On pourrait presque croire aussi qu'elles rient, que leur hâte est façon de rire. Mais, pas plus que leur hâte n'est anxiété ou frénésie, leur rire ne serait insolent, ou simplement moqueur.
Elles auraient appris à rire, comme les chèvres, dans les rochers, la pierraille, à l'ombre des derniers aigles.

Si je me laissais aller, j'en ferais volontiers l'attelage scintillant du Temps.

Elles ont bondi, comme ce que l'on aurait tenu trop longtemps serré dans un poing de pierre ou de glace.

Messagères dépêchées des crêtes, petites-filles du long hiver, coursières trop longtemps bouclées dans leurs noires écuries de pierre.

Ce sont les eaux du Lez, en avril, au gué dit de Bramarel. On les regarde encore un instant avant de rentrer chez soi : brèves, et comme éternelles. Quand on se tourne vers l'ouest, on voit qu'elles s'évasent, qu'elles s'élargissent à la mesure du ciel, dont la lumière éblouit.

Eaux prodigues, et qui ne reviendront jamais sur leurs pas.

Rocks surging up like fresh sparks. Everything that surges up from the forge of the waters.

They seem to daydream of flowing faster and faster, to enjoy haste, to care little about where they rush. Turbulent. Drunken with rushing. Drunken yet pure. Of lake water into which Hölderlin watched swans dipping their heads, he once wrote that it was "sober," "holy," "sacred." By "sober," he probably meant "restrained," "kept under control," as the mind of a human being should be when facing the divine; and as the quiet, confined mirror of a lake can be. Those waters are at once drunken and pure; neither the beginning nor the end can be seen.

You could almost also believe that they laugh, that their haste is a way of laughing. Yet no more than their haste is anxiety or frenzy, their laughter is probably neither impertinent nor even simply scoffing.

Like goats, they must have learned how to laugh among the boulders, the loose rocks, in the shadow of the last eagles.

If I did not restrain myself, I would turn these waters into Time's shining team of horses.

The waters have leapt, as would something that had been gripped too long in a rocky or icy fist.

Messengers sent down from the ridges, granddaughters of the long winter, steeds locked up too long in their black stone stables.

These are the waters of the Lez, in April, at the ford called "Bramarel." You watch them a moment more before going home: they are fleeting, and seemingly eternal. When you look to the west, you see that they open out, that they widen like the sky, whose light dazzles.

Prodigal waters that will never retrace their steps.

Hameau

Hamlet

Dans la nuit me sont revenues, avec une intensité pareille à celle que produit la fièvre, d'autres images de promenade ; au sortir d'un de ces rêves où l'on voudrait que certain nœud moite et vertigineusement doux ne se dénoue jamais. Cette fois-ci, c'était toujours de la réalité, un morceau du monde, et en même temps une espèce de vision, étrange au point de vous conduire au bord des larmes (cela, donc, non pas sur le moment, mais dans la nuit qui a suivi, devant, telles qu'elles me revenaient, ces images insaisissables d'un fond de vallée perdu où pourtant nous étions réellement passés).

Une voix me disait (ce n'était pas celle du coucou qui avait été perceptible à plusieurs reprises à travers la pluie, seule cage qui pût le tenir captif sans le décourager d'appeler), bizarrement : « Faites passer... » — comme on le fait d'une consigne pour la troupe si le message ne doit pas être ébruité, s'il s'agit d'un secret dont la victoire ou le salut dépend. Personne ne disait cela que le lieu même où, moi aussi, je passais. Ce n'étaient d'ailleurs pas des paroles, un message ; tout juste une rumeur un peu au-dessus du sol, un peu plus haut que ma tête, au bord de la route.

Le nom de ce lieu n'a pas à être dit, même pas son initiale. Il y avait là quatre ou cinq fermes (en fait, je regardais à peine, il ne s'agissait plus exactement de regard), de vraies fermes autour desquelles on ne voyait personne, probablement parce que c'était dimanche, pas en ruine, bâties de très vieux murs, pas du tout restaurées, transformées — et s'il y avait eu là, par exemple, une charrette, ou bien elle aurait servi encore à transporter du fourrage, du fumier, ou bien on l'aurait laissée se délabrer, mais en aucun cas on ne l'aurait « sauvée » pour y faire trôner des géraniums au milieu d'une pelouse ; des fermes de très vieille pierre et de très vieux bois, comme les arbres fruitiers tout autour avaient de vieux troncs, de vieilles branches écaillées, rugueuses, fatiguées. (Je n'observais pas tout cela, je le devinais, sous le gris du ciel qui menaçait de tourner à l'encre derrière les remparts de pierre encore plus vieille de la montagne, celle-ci assez élevée pour qu'y restent, sur le versant nord, quelques taches de neige.)

Devant ces fermes, il y avait de l'herbe, déjà haute et drue. Il faisait presque froid. On était dimanche. Nul besoin d'église pour que cela fût sensible : les paroles, ou les espèces de paroles entendues, je me suis demandé si ce n'était pas, peut-être : *Benedictus qui venit in nomine Domini*, béni soit le messager qui vient de l'autre côté du col, par le chemin abrupt et boueux frayé dans une forêt si abandonnée qu'on croirait plutôt des ruines d'arbres.

That night, other images of the walk came back to me with the intensity of a fever; they appeared at the end of one of those dreams in which we wish that some moist, dizzyingly soft knot never comes undone. This time, it was still reality, a part of this world, yet at the same time a kind of vision strange enough to lead you to the brink of tears (this, therefore, not immediately but rather later, that night, when I was faced, as they came back to me, with the ungraspable images of the end of a remote valley through which we had, however, actually passed).

Bizarrely, a voice was telling me (and it was not the cuckoo's whistle, audible several times through the rain, the only cage capable of keeping this bird captive without discouraging it from calling out): "Pass it on . . ."—as one does with instructions for a troop of soldiers if a message must not be divulged, if victory or safety depends on the secret. No one was saying this: it was only the very place where I, too, was passing by. Moreover, it was not words or a message; just a murmur a little above the ground, a little higher than my head, at the edge of the road.

There is no reason to cite the name of this place, nor even its initial. There were four or five farms (in fact, I was hardly looking; looking was no longer specifically at stake): genuine farms around which no one could be seen, probably because it was Sunday; farms that were not in ruins, yet built with very old walls that had not been restored or transformed at all—and if a cart, for example, had been standing there, either it would still have been used for carrying fodder and manure, or else it would have been left there to fall into decay, but in no case would it have been "saved" so that geraniums could be enthroned in it, in the middle of a lawn; farms made of very old stone and very old wood, even as the fruit trees all around had old trunks and old, rough, scaly, weary branches. (I was not observing all this, I was surmising it, beneath the grayness of a sky that was threatening to darken behind the even older stone ramparts of the mountain, which was high enough so that a few spots of snow remained on the north slope.)

In front of these farms, stiff grass had already grown high. It was almost cold. It was Sunday. No need for a church to be there to make this perceptible: I wondered if the words, or rather the sort of words that I had heard, were not perhaps: *Benedictus qui venit in nomine Domini*, blessed be the messenger who comes from the other side of the pass, over a steep and muddy path cleared through a forest so abandoned that the trees themselves seem to be ruins.

Cette rumeur qui n'en est pas une, qui ne fait aucun bruit, même quand le vent se met à souffler, si elle avait pris forme tout de même de paroles, ç'aurait pu être aussi la phrase jamais oubliée depuis cette adolescence un peu hagarde où on avait rêvé par moments de s'orienter sur elle : *Quelquefois, je vois au ciel des plages sans fin couvertes de blanches nations en joie* ; sauf que ce n'était pas dans le ciel, cela se longeait, se touchait de la main, se traversait, vous enveloppait . . .

Dimanche matin, sans aucune cloche, sans prêche, sans paroisse. Autour de ces maisons usées qui ont l'air aussi vieilles, aussi vraies que les montagnes, dans ce lieu de fatigue, c'était comme si, d'une fête de jeunes filles, il n'était plus resté, prises aux ramures, que leurs couronnes blanches. Elles-mêmes ont dû s'en aller ; ne persiste plus que leur image enfuie, leur absence, parfumée. C'est ainsi que l'on passe un seuil, à leur suite ; et que commencent, peut-être, les visions.

« Faites passer . . . », vous qui passez ici, par cette voie, mais quoi ? Quelle consigne ? De quoi suis-je en train d'essayer de parler ? D'un dimanche d'avril, dans une vallée perdue, de quelques fermes éparses au milieu d'antiques vergers de cerisiers, de pommiers, de poiriers en pleine floraison ; de prairies protégées par des haies d'aubépines ; sous un ciel gris, par un temps encore froid, d'autant plus qu'on a rejoint le pied d'une montagne assez haute. Tout cela, maisons comprises, sans âge autre que celui des saisons ; et, néanmoins, sous la forme où je l'entrevoyais (mais on ne s'en attristait plus), éphémère.

Une rumeur, parfaitement silencieuse, un peu plus haut que votre tête. Un foisonnement sans aucun poids. Des milliers de petites choses éparpillées, à croire qu'il devait y avoir un rucher dans les parages. Et des essaims, pour quelques jours immobilisés dans leur course hésitante, désarmés.

Ou une aspersion d'eau lustrale pour bénir toute cette ferraille rouillée à quoi ressemblent les buissons, ces carcasses noueuses, et quiconque, passant ici, aurait de la douleur à porter.

If this murmur which is not one, which makes no noise even when the wind begins to blow, had nonetheless taken on the form of words, it could also have been that phrase never forgotten ever since a rather distraught adolescence in which we had sometimes daydreamt of orienting ourselves toward it: *Sometimes, in the sky, I see endless beaches thronging with exultant white nations*; except that the murmur was not in the sky; it could be walked alongside, touched with a hand, crossed, and it enveloped you . . .

A Sunday morning without bells, without a sermon, without a parish. Around these worn down farmhouses that look as old and real as the mountains, in this place of weariness, it was as if only the white crowns caught in the boughs had been left over from a party of little girls. The girls had been obliged to leave; all that remains is their vanished image, their absence, with a scent of perfume about it. As we follow them, this is how we cross a threshold; and how visions perhaps begin.

"Pass it on . . . ," you who pass by here, on this path, but pass what on? What instructions? What am I trying to speak about? Of a Sunday in April, in a remote valley, of a few scattered farms amid ancient orchards of cherry, apple, and pear trees in full bloom; of meadows protected by hawthorn hedges; beneath a gray sky, and the temperature still cold, all the more so in that we have walked up to the base of a rather high mountain. All these things, including the farmhouses, have no age other than that of the seasons; and are nonetheless ephemeral in the forms in which I glimpsed them (but we were no longer saddened by the thought).

A perfectly silent murmur, a little higher than your head. A weightless profusion. A scattering of thousands of tiny things; you'd think that a beehive was nearby. And the swarms powerless, stopped short in their hesitant course for a few days.

Or a sprinkling of holy water to bless all this rusty iron that the bushes—these knotty carcasses—look like, and that anyone passing by here would be pained to have to bear.

Franchir le seuil, si l'on obéissait à la consigne, faut-il penser que ce serait avoir laissé en deçà tout ce qui touche le cœur, émeut le corps ? Par exemple, le désir que n'auraient pas manqué d'enflammer la proximité, les jeux, les rires des jeunes paroissiennes, si elles n'avaient pas fui beaucoup trop tôt ? Le trouble que suscitent les tourbillons, l'entrain d'une robe, l'impatience d'une chevelure, ce qu'ils cachent ou ce qu'ils dévoilent ? Ou beaucoup plus que cela (qui était encore lié aux rêves touffus et ténébreux dont j'avais eu peine à sortir) : la tendre moquerie, la peine d'être séparés, les mains dénouées ne serait-ce qu'un instant, le souci, les doutes, le dépit, la colère, toutes ces émotions qui se mêlent aux autres danses, le dimanche matin, comme aux soirs de semaine, plus décolorés ?

Ne serait-ce pas même, franchir le seuil (dans le moment de la vision), avoir laissé en deçà jusqu'aux sensations plus neutres, plus générales ; pour avoir deviné, d'une certaine façon, que, là-bas, il ne s'agirait plus de couleurs, de mouvements, de parfums, de figures ; qu'on allait être emportés plus loin, à partir de ce fond de vallée, bien qu'il fût localisé avec une précision rigoureuse, irréfutable, sur la carte que j'avais comme toujours entre les mains ?

Était-ce là le message que transmettait sans rien dire la parole sans paroles : « Passez outre à ce monde, par ce col » ? « Prenez congé de nous » ?
De même que l'essaim, au premier souffle, sera dispersé, gaspillé, dans un tourbillon ? (Pour faire place, il est vrai, à un autre, de plus en plus opaque, de plus en plus calme.)
Si la grâce la plus tendre à la plus faible injonction du souffle se dissipe, ne faut-il pas, en effet, passer outre ?

C'est une façon d'entendre ce que semble dire ce hameau à qui s'y attarde un instant, par un dimanche froid d'avril. Une façon de se laisser emporter, orienter, exalter, sans trop chercher à comprendre.

If we obeyed the instructions, must we imagine that crossing the threshold would mean leaving behind, on this side, everything that touches the heart, moves the body? For example, the desire that would necessarily have been kindled by the proximity, the playing, the laughter of the young parish girls, had they not fled much too early? The inner turmoil that is aroused by the whirling, by swooping dresses, by impatient leaps of long hair—what is hidden or what is revealed? Or much more than that (still linked to the dense and gloomy daydreams from which I had struggled to emerge): the tender mocking, the pain of separation, hands unclasping if only for a moment, the worry, the doubts, the vexation, the anger, all those feelings mingling with the other dances, every Sunday morning, as during the duller evenings of the week?

Wouldn't crossing the threshold (at the very moment when the vision occurs) also mean leaving behind even more neutral, more general sensations; because we had surmised, as it were, that colors, movements, scents and figures would no longer matter on the other side; that from the end of this valley we were going to be swept away further, even if it was localized precisely, rigorously and irrefutably on the map that, as always, I was holding in my hands?

Was this the message that the wordless words were silently conveying: "Go beyond this world, over this pass"? "Take leave of us"?
Even as the swarm, with the first breath of wind, will be scattered, squandered, becoming a whirlwind? (To make room, albeit, for another, ever more opaque, ever calmer swarm.)
If the weakest injunction of a breath of wind disperses the most tender grace, should we not indeed pass beyond?

For one who lingers here for a while, on a cold Sunday in April, this is a way of listening to what the hamlet seems to say. A way of letting oneself be swept up, oriented, exalted, without trying too hard to understand.

Il est possible en effet que cela nous touche plus loin que les yeux, que le corps, le cœur, la pensée elle-même ; du moins, que ce lieu et cet instant, ainsi tressés l'un avec l'autre, et nous autres liés à eux, prenions racine plus loin que tout cela. On serait près de le croire, en passant . . .

(On imagine encore, justement parce qu'on n'a pas franchi le seuil, lâché son ballot de douleur, qu'il pourrait y avoir ici un afflux, à nos yeux, d'autant de larmes qu'il y a, dehors, de fleurs, brillantes. Toute la tristesse de la terre montée comme de la sève au bord des yeux troublés par l'âge : l'eau la plus sainte de toutes les eaux. Et ce sont elles que l'on croit parfois retrouver éparses dans le ciel, la nuit venue.)

« Faites passer », disait la terre elle-même, ce matin-là, de sa voix qui n'en est pas une. Mais quoi encore ? Quelle consigne ?

On aurait plutôt pressenti, en fin de compte, non pas un abandon, comme d'un bagage ou d'un vêtement superflu, de tout ce que le corps, le cœur, la pensée reçoivent de ce monde-ci afin d'accéder à on ne sait trop quoi qui aurait toute chance d'apparaître diaphane, spectral, glacé, mais un pas à la suite de quoi rien de l'en-deçà du seuil, ou du col, ne serait perdu, au contraire ; où tout : toute l'épaisseur du temps, d'une vie, de la vie, avec leur pesanteur, leur obscurité, leurs déchirures, leurs déchirements, tout serait sauvé, autrement présent, présent d'une manière que l'on ne peut qu'espérer, que rêver ou, à peine, entrevoir.

Pensées de voyageur, pour peu que l'enveloppe un manteau de grésil.

It is in fact possible that this touches us farther than our eyes, body, heart, thought itself; at least, that this place and this moment, woven together in this way, and with us tied to them, take root farther on than all this. We would be ready to believe so, as we pass by . . .

(We imagine in addition, precisely because we have not crossed the threshold and let go of our bundle of pain, that here could be a flow of as many tears, from our eyes, as there are flowers shining outside. All the sadness of the earth risen like sap to the edge of eyes blurred by old age: the holiest water of all the waters. And it is tears that we sometimes think we see, scattered in the sky, at nightfall.)

"Pass it on," said the very earth that morning, with its voice that is not a voice. But what else? What instructions?

Ultimately, we would have felt a premonition, not of leaving behind something like baggage or some unnecessary piece of clothing—everything that the body, the heart, and the mind receive from this world in order to gain access to what would mostly remain unknowable and that would likely appear diaphanous, spectral, icy—, but rather of taking a step after which nothing on this side of the threshold, or pass, would be lost; on the contrary, where everything—all the density of time, of a lifetime, of life, with their weightiness, their obscurity, their rips and heartbreaks—would be saved, present in a different way, present in a way that we can only hope for, dream about or barely glimpse.

Thoughts of a traveler, if he is enveloped in a cloak of sleet.

La loggia vide

The Empty Loggia

Nous avons reçu d'A.C., quelques jours avant Noël, une carte postale d'Italie disant qu'elle souhaitait nous voir après les Fêtes ; cette carte représentait un détail, auquel je n'avais jamais pris garde jusqu'alors, de l'*Annonciation* de Giotto aux Scrovegni : une loggia vide à l'angle de laquelle une potence de bois porte un rideau écru dont l'extrémité inférieure repose dans l'angle d'une des deux fenêtres gothiques, comme si on avait voulu éviter qu'il ne la masque et ne flotte au vent ; derrière la loggia aux trois corniches roses superposées et à gauche de celle-ci, on voit le bleu du ciel, avec quelques nuages, à moins que ce ne soient, mais je ne le crois pas, des taches d'humidité sur le mur. J'ai tout de suite été touché par la fraîcheur, le mystère de cette loggia vide. Cette image a pris place sur la tablette de la cheminée, dans le camp hétéroclite des cartes de vœux.

Dans la nuit du 29 au 30 décembre, alors que nous devions fêter ensemble, avec son compagnon et d'autres amis, le Nouvel An, A.C. est morte dans un accident de voiture, tout près d'ici, non loin de la maison qu'ils étaient en train de se construire. Parce que c'est l'usage, et parce que nous ne voulions pas nous y dérober, parce que surtout, si parfaitement absurde que cela paraisse, nous ne voulions pas la laisser seule, nous sommes allés à la morgue de l'hospice de Grignan où on l'avait couchée sur ce qu'on appelle, si j'ai bien compris, une table froide. Difficile de regarder cela en face. Ce le serait plus encore le lendemain, quand on tiendrait à nous la montrer encore dans le cercueil, juste avant de le refermer, de le « plomber » pour le retour en Angleterre — avec, debout derrière, impassible, le maître des cérémonies qui semblait attendre qu'on le félicitât pour son « arrangement », ou pour prendre date. Elle qui avait toujours eu le teint doré par le soleil, quoiqu'elle habitât le plus souvent un pays de brouillard et de pluie, maintenant déjà elle était jaune comme cire. On comprenait, une fois de plus, que le corps n'est qu'une enveloppe à laquelle la beauté, la grâce ne sont que prêtées ; que, dès l'instant où le cœur avait cessé de battre, ce corps avait cessé d'être elle ; qu'elle, celle que nous avions connue, si elle pouvait avoir encore quelque mode d'existence que ce fût, était déjà partie, ne pouvait plus avoir aucun rapport avec l'innommable qui commençait sous nos yeux (en avait-elle aucun avec l'innommable hasard qui venait de la frapper ?). Allait-elle fleurir ailleurs, autrement, après qu'elle l'avait fait si calmement, si rondement, sous notre ciel, le ciel des vivants ?

A few days before Christmas, we received A. C.'s postcard from Italy saying that she wanted to see us after the holidays; this postcard showed a detail, which I had never noticed until then, of Giotto's "Annunciation" in the Scrovegni Chapel: an empty loggia from the corner of which a wooden bracket supports an ecru curtain whose lower extremity rests on the sill of one of the two gothic windows, as if someone had wanted to prevent it from masking the window or flapping in the wind; behind the loggia with its three superposed rose cornices and to its left, you can see the blue of the sky, a few clouds, unless—though I do not think so—they are moisture stains on the chapel wall. I was immediately moved by the pristine freshness, the mystery of this empty loggia. The image found a place on the fireplace mantel, in a motley camp of greeting cards.

During the night of 29–30 December, whereas we had already planned to celebrate the New Year with A. C., her partner, and other friends, she was killed in an automobile accident very near here, not far from the house that they were building. Because it is the custom, and because we did not wish to shirk from respecting it, and especially because we did not want to abandon her there all alone—however perfectly absurd this seems—we went to the Grignan retirement home mortuary, where she had been placed on what is called, if I have understood correctly, a refrigerated table. It was difficult to face up to this. It would be even more difficult the next day when we would be urged to see her lying in the casket, just before it was closed and "sealed with lead" for the return to England—while the impassive master of ceremonies, standing behind the casket, would seem to expect us to congratulate him on how he had "arranged" her or to fix an appointment. She who had always had a golden suntanned complexion, although she lived most of the time in a land of fog and rain, was already wax-yellow. We understood once again that a body is a mere envelope to which grace and beauty are lent; that once her heart had stopped beating, this body had stopped being her; that she—the woman whom we had known, if it were possible that she still existed in some way—had already departed and could no longer have any relation to the unnamable that was taking shape before our eyes. (Had she any relation to the unnamable misfortune that had just struck her?) Was she going to blossom elsewhere, in a different way, as she had done so calmly and frankly under our sky, the sky of the living?

J'ai levé le camp léger des vœux, sur la tablette de la cheminée. Mis de côté l'image au verso de laquelle sont les dernières lignes qu'elle nous aura écrites. Naturellement, bien que je ne croie guère aux songes, aux prophéties, moins encore aux prétendus complots des astres pour ou contre nous, je ne puis m'empêcher maintenant de voir le rideau blanc de la fresque de Giotto comme un linceul d'où le cadavre aurait été retiré ; et la loggia est vraiment vide désormais, où plus jamais ne se remontrera, ne se repenchera la jeune femme pour qui on croirait qu'étaient faites ses couleurs tendres. Pour le coup, cette image est devenue tout à fait mystérieuse. Elle s'inscrivait, elle s'inscrit toujours dans une scène où un ange sévère apporte à une jeune femme immobile et grave une nouvelle que nous connaissons tous, à laquelle bien peu continuent à croire, même s'ils en sont encore touchés. Pour moi, cette image restera désormais liée à une autre nouvelle, horrible. À une scène où les anges sont, c'est le moins qu'on puisse dire, invisibles, insaisissables ; où il n'y a même pas de démons (leur présence rassurerait plutôt, à tout prendre) ; seulement de l'obscurité, un coup de fouet dans l'obscurité, une espèce de trou noir, l'innommable qu'on ne comprend pas, l'effondrement dans la nuit. Néanmoins, je vois cette loggia claire (peinte d'ivoire et de rose comme un corps juvénile), ouverte, et le bleu du fond, et le rideau tiré (le linceul vide, en partie replié). Nous ne verrons jamais personne se pencher à l'une ou l'autre de ces étroites fenêtres. Andrea C. (fallait-il encore qu'elle portât un prénom d'Italie ?), telle que nous l'avons connue, aimée, ne sera jamais plus visible à aucune fenêtre, sous aucun ciel de ce monde. (La même chose d'ailleurs sera dite tour à tour de chacun de nous.) Mais je continue étrangement à voir ce bleu qui entre par le côté dans la loggia ouverte, dont elle se remplit comme le ferait un verre. Quelquefois, cela aussi est étrange, on croirait qu'il n'y a pas beaucoup de différence entre le bleu du ciel et les oiseaux qui en sont les habitants.

Il faut faire circuler encore sous ce ciel la coupe heureuse qu'Andrea semblait toujours porter dans ses deux mains hâlées.

I decided that the greeting cards should break their light camp on the fireplace mantel. I put aside the postcard picture, on the back side of which are the last words that she will have written to us. Naturally, although I hardly believe in dreams, in prophecies, and even less so in alleged plots of stars for or against us, I cannot now keep myself from seeing the white curtain of Giotto's fresco as a shroud from which the corpse has been removed; and ever since, the loggia is truly empty; never again will the young woman appear there, leaning out—she for whom these tender colors seem to have been made. In the process, the image on the postcard has become completely mysterious. It was—still is—part of a scene where a stern angel brings to a solemn, motionless young woman the piece of news with which we all are familiar, in which very few people continue to believe, even if they still find it touching. For me, this image will now always be linked to another, horrible, piece of news; to a scene where the angels are—to say the least—invisible, ungraspable, and where not even demons are present (which, all things considered, would be reassuring): only darkness, a whip lashed out in darkness, a sort of black hole, the unnamable that you do not comprehend, the collapse into the night. Nonetheless, I see this loggia as painted with light colors (ivory and rose like a young body), as open, with the blue sky in the background and the curtain drawn back (the shroud empty, partly folded). We will never see anyone leaning out of one or the other of these narrow windows. Andrea C. (did she also have to have a first name associated with Italy?), as we knew and loved her, will never again be visible at any window, under no sky of this world. (The same thing, moreover, will be said of each of us in turn.) But strangely enough, I continue to notice the blue entering sideways into the open loggia and filling it like a glass. Sometimes, and this is also strange, not much difference seems to exist between the blue of the sky and the birds inhabiting it.

Beneath this sky, we need to keep passing around the cheerful bowl that Andrea always seemed to hold in her tanned hands.

N'empêche : où elle est, ce pourrait être pire que de se retrouver tout le temps sous la pluie et dans le brouillard, ce qu'elle détestait, ce pourquoi elle avait rêvé de vivre dans le Sud. Mais ce n'est qu'une façon de dire, je le sais. Une façon de ne pas encore dire qu'elle n'est plus, d'aucune façon, que nos éternelles histoires de pluie et de beau temps ne la concernent plus, ni même nos éternelles histoires de lumière et d'ombre. Nos courses d'un endroit à un autre. Nos dépliements de muscles, nos dérouillements de jointures, de moins en moins faciles, pour, chaque matin, l'étape du matin ; nos inquiétudes, nos consolations, nos colères. On l'a débarrassée une fois pour toutes de ce poids à porter, qu'il soit sombre ou lumineux. Cela s'est fait d'une façon qui donne la nausée ; cela s'accompagne de circonstances qui donnent aussi, autrement, la nausée.

Dans leurs batailles, les hommes d'autrefois portaient des cuirasses ; pas nous (on n'en supporterait même plus le poids). Il y avait aussi pour leur esprit une armure de pensées ; de surcroît, dès l'enfance, on les avait, judicieusement, aguerris. Notre cuirasse n'a plus que des défauts par lesquels tous les coups portent ; et nos pensées se retourneraient plutôt contre nous comme autant de flèches ou d'épieux.

Une fois de plus, ma pensée se dérobe, se désagrège ; devant cette mort. Comme si toute parole ne pouvait être, ou ne risquait d'être, là devant, que poudre aux yeux ; s'agirait-il de la poudre dorée de l'aube. Pour faire écran, pour masquer, pallier l'insoutenable. (Et dans les degrés du mal, il y a encore pire, on le sait : plus lent, plus détourné, plus ignoble.)

On voudrait pouvoir dire : suis-moi. Je t'ouvre cette porte dérobée. Où je ne puis passer, quant à moi. Je ne sais donc pas sur quoi elle donne. Mais que ce soit un espace où tes bras ne perdraient plus leur hâle. Une espèce d'exil, de captivité dans la lumière.

Be this as it may: where she is, it could well be worse than always finding herself in the rain and fog, which she hated and which is why she dreamt of living in southern France. But this is only a way of saying things, I know. A way of not yet saying that she no longer exists in any form whatsoever; that our endless tales of rain and good weather no longer concern her, not even our endless tales of light and shadow. Our running from one spot to another. Our stretching of muscles, our limbering up of joints—less and less easier to do—for the daily morning jaunt; our anxieties, our consolations, our angers. Once and for all she has been relieved of this burden to bear, be it dark or luminous. This was done in a nauseating way; this is accompanied by circumstances that are also nauseating, in a different way.

In the olden days, men wore breastplates in their battles; not us (we wouldn't even be able to bear the weight). They also had a suit of armor of thoughts, for their minds; moreover, wisely, such men were hardened from childhood on. All our breastplates now consist of are the defects through which all blows are telling; and our thoughts would more likely turn against us, like so many arrows or spears.

Once again, my thoughts steal away, come apart, when facing this death. As if when facing death, all words would necessarily be, or ran the risk of being, only for show; like powder thrown into someone's eyes, even the golden powdery haze of dawn. To put up a screen, to mask, to palliate the unbearable. (And in the degrees of evil, we know that there is even worse: slower, more devious, more ignoble.)

We would like to say: follow me. Let me open this hidden door for you. I myself cannot cross the threshold. I do not know what the door opens onto. But may it be a space where your arms will not lose their tan. A kind of exile, of captivity within the light.

Au col de Larche

At Larche Pass

S'il y avait, s'il pouvait y avoir encore aujourd'hui une ouverture (un rai de lumière sous la porte cloutée) — et pour une fois je ne perdrai pas un instant à l'obturer de tout ce qui, maintenant et depuis toujours, le met en doute, je ne perdrai pas un instant à louvoyer, à larmoyer —, s'il pouvait y avoir encore quelque chose aujourd'hui comme une ouverture (justement, le col même où j'ai d'abord pensé cela, ayant revécu sans aussitôt m'en rendre compte une joie d'enfance, très lointaine), ce devrait être celle-là pour moi, mieux qu'aucune autre, quand même cela paraîtrait ne vouloir rien dire ; me raccrochant à ce nouveau non-sens, faute de plus probantes raisons.

Ce bondissement, ces bonds des eaux alpestres, des eaux glacées, à la fin du jour, cette chute rieuse, réjouie, ravie, cette dévalée ou dévalade des eaux . . .
À côté du sentier que nous remontions, essoufflés par la pente, frissonnant un peu, parce que la nuit, rapidement, tombait, était tombée, elles étaient encore claires au point d'être à peine visibles, d'exister à peine pour les yeux, de seulement faire mieux voir, faire briller les schistes du fond . . .

Rieuses, réjouies, ravies ? C'était, quand j'y resonge, plus caché, plus évasif, plus lointain que cela.

Au-dessus de nous, au-dessus de nos yeux, là où la pente se faisait encore plus abrupte et les obstacles à leur course plus hérissés, de vraies herses de pierre, elles se montraient tout à fait blanches, et plus drues, au point qu'on aurait parfaitement pu les croire, en cette venue de la nuit, une coulée de neige, si la neige n'était du silence amoncelé ; alors qu'elles, elles explosaient, qu'elles tonnaient avec impétuosité, fougueuses, au milieu de ces herbages troués d'antres de marmottes.
Plus haut encore, tout à fait en haut, se dressaient des bastions, des forteresses (il y en avait même une à proprement parler, signalée sur la carte et désertée, à coup sûr, depuis longtemps, comme vides étaient les cimes).

If there were, if there could still be, today, an opening (a ray of light under a door nailed shut)—and, for once, I will not waste a single moment by blocking the light with all that has always called it into question, I will not waste a moment by equivocating, whimpering—, if there could still be, today, something like an opening (indeed, the very mountain pass where I initially thought about this, having re-experienced a very remote childhood joy without immediately realizing so), then it ought to be this one for me, more than any other, however meaninglessness it might seem. And here I am clinging to this new pointless idea for want of more convincing reasons.

This leaping, these leaps of alpine waters, of icy waters, at the end of the day, this exalted, elated, exhilarated waterfall, these cascaded, cascading waters . . .
Alongside the path on which we were hiking back up, out of breath because of the slope, shivering a little because the night was quickly falling, had fallen, the waters were still so clear that they were barely visible, hardly existing for our eyes but better bringing out things, making the schist along the bottom gleam . . .

Exalted, elated, exhilarated? When I think back on those waters, they were more hidden, more evasive, more remote than that.

Above us, above our eyes, at the spot where the slope became even steeper and the obstacles blocking the descending waters started bristling up like real stone harrows, the waters appeared completely white and stiffer, to the extent that we could perfectly well have seen them, as the night came on, as a snowslide—if snow were not heaped up silence, whereas these waters were exploding, thundering impetuously, spiritedly, among the grassy expanses dotted with marmot burrows.
Still higher up, completely on top, stood bastions and fortresses (there was even a genuine fortress, noted on the map and surely long deserted, even as these peaks were also empty).

Un paysage héroïque : cela existe aussi. Dans le plus lâche d'entre nous peut subsister un élan qui lui réponde. Même en cette fin de millénaire, on n'est pas absolument tenu de n'accorder de réalité qu'à l'ignoble.

Comment cela pouvait-il sourdre de ces pierres ? De ces masses énormes, graves, immobiles ? (Sans qu'aucun Moïse ne fût visible, près ou loin, à moins que l'une ou l'autre de ces montagnes, cornue, en évoquât le souvenir, ou le retour possible.)

Presque une canonnade.

C'est pourquoi rieuses, réjouies, ravies ne convient pas à ces eaux. Fougueuses, violentes (mais non cruelles, non guerrières, en dépit de cette couronne de bastions : ce serait encore trop les rapprocher de nous) ; fraîches, usées par rien, troublées par rien, premières ; le plus étrange étant peut-être qu'elles fussent à la fois l'image du temps le plus rapide (le plus preste, le plus allègre) et hors du temps, ou du moins inaltérées par le temps. Les plus désaltérantes, d'être inaltérées.

Col de Larche, ou de l'Arche, d'où s'envoleraient à grand bruit ces autres colombes, en un temps de fin du monde ; et l'on en serait apaisé.

Et, pour les Italiens, pas de la Madeleine : comme si c'était de nouveau toute une chevelure qui se dénoue et se déploie, mais pour guérir, cette fois, vos pieds à vous — les pieds de tout voyageur parvenu à ce relais.

Dans un conte de Yeats passe quelque part une ombre chargée d'années, chantonnant : *Je suis belle, je suis belle . . . Je suis jeune, je suis jeune : regardez-moi, montagnes, regardez-moi, bois périssants, car mon corps brillera comme les eaux blanches quand vous aurez été emportés . . .*

A heroic landscape: this also exists. The most cowardly among us can harbor a fervor that responds to it. Even at this millennium's end, we do not have to consider as real only what is ignoble.

How could these waters spring up from these boulders? From these enormous, solemn, motionless masses? (With no Moses in sight, nearby or faraway, unless one or another of these horned mountains evoked his memory or his possible return.)

Almost a cannonade.

This is why exalted, elated, exhilarated do not suit these waters. Impetuous, violent (but not cruel, not warlike, despite the crown of bastions: this would still be bringing them too close to us); fresh, worn down by nothing, troubled by nothing, primordial; the strangest thing perhaps being that they were at once the image of the fastest time (the nimblest, the liveliest) and outside of time, or at least unaltered by time. Because their freshness is unaltered, they are what is most refreshing.

The Larche Pass, or L'Arche Pass—Noah's Arc. From which those other doves would fly off with great rustling at a time when the world was ending; and we would be soothed because of this.

And the Italian name, "Colle della Maddalena," the Magdalene Pass, as if once again long hair were unknotted and unfurled, but for healing your own feet this time—the feet of every traveler who has reached this inn.

In one of Yeats' tales, an aged shade passes by, singing to herself: *I am beautiful, I am beautiful . . . I am young; I am young: look upon me, mountains; look upon me, perishing woods, for my body will shine like the white waters when you have been hurried away . . .*

Ce fragment de chant — saisi au passage, de la façon dont on en surprend d'autres en plus d'un lieu de *La Divine Comédie* — a l'air de dire une pensée folle ; de dire rapidement, au passage, que le plus bref, le plus rapide survivra même aux montagnes ; et peut-être était-ce une folie assez semblable que j'entendais ici dire à ces eaux ?

On voudrait que ce mot : torrent, fût le dernier mot ; parce qu'à aucun ne convient plus mal l'épithète « dernier ».

Non pas rieuses, ni ravies ; ni guerrières. C'est que, dans ces hauteurs, les juvéniles compagnes, rêvées ou non, il faut bien accepter qu'elles ne soient plus aussi proches ; et leur donner congé, si l'on veut vraiment saisir cette autre proie, sans plus céder à leurs charmes. Il ne s'agit plus du tintement d'un rire. Ni de proies. Cette musique est autre ; cette voix n'est plus une voix.

Je me défends aussi de convoquer les anges, désormais. Le mot vient trop vite aux lèvres, dans ces hauteurs. Ou bien il n'est qu'un souvenir, dans le goût de ces flambeaux anciens qu'on descend du grenier pour orner une fête, une scène de théâtre, et de ces mots de gala dont on croit rehausser, à trop peu de frais, un poème ; ou bien, si subsiste là ne serait-ce qu'un peu de substance vraie, l'expérience en doit être trop intense et trop intérieure pour qu'on ne montre pas d'extrêmes scrupules à s'en servir.

Ici, il ne faut pas rêver, ni se perdre en regrets. Rêves et regrets vous distraient, usent le présent, précipitent la fin. De toute manière, il n'en est plus temps.

This song fragment—picked up while reading along even as you chance upon others in more than one passage of *The Divine Comedy*—seems to say something insane; to say quickly, in passing, that what is briefest, what is quickest, will outlive even the mountains; and was it perhaps something similarly insane that I was overhearing being said to these waters?

You would like this word, "torrent," to be the last word; because to no other word is the adjective "last" more ill-suited.

Not exalted, nor exhilarated; nor warlike. At these heights, you have to accept the fact that the girls, the juvenile playmates—whether daydreamt or not—are no longer so near; and if you really want to catch that other prey, to dismiss them, no longer giving in to their charms. A tinkling of laughter no longer matters. Nor prey. This music is something else; this voice is no longer a voice.

I also now keep myself from conjuring up angels. The word comes too quickly to the lips at these heights. Either it is a mere memory, in the style of those old torches that would be brought down from the attic to embellish a party or a stage, and of those too-cheap gala-like words with which you think you can enhance a poem; or else, if there is the slightest substance behind the word, then experiencing it ought to be so intense and inward that you would be extremely scrupulous about making use of it.

Here, you mustn't daydream, nor lose yourself in regrets. Daydreams and regrets would distract you, wear down the present, hasten the end. In any event, there is no more time for them.

Et que j'aie été, ce soir-là, mais d'autres fois auparavant de façon plus floue, reporté à des moments d'enfance, dans la montagne, où j'ai aimé jouer au bord des torrents, les franchir, simplement les entendre, de sorte que je pourrais penser que mon étonnement d'aujourd'hui, en rejoignant ceux d'il y a tant d'années sans que j'y sois pour rien, serait le fil scintillant qui manifesterait l'unité et la persévérance de ma vie . . . cette remontée du temps suffirait-elle à expliquer l'éclat dont brille ce moment récent de ma fable ? Est-il si prodigieux, après tout, et si important, de rejoindre son enfance, comme si l'on retrouvait le fil du labyrinthe que l'on aura été ? Est-ce que ce labyrinthe vaut la peine qu'on s'y perde, s'y attarde, s'y retrouve ?

Je ne crois pas, au fond, que ce soit cela qu'a semblé m'avoir dit la parole issue, précipitamment, de la bouche de pierre.

Ces rapides bonds des eaux par-dessus des barrières, noires ou violettes, de schiste.

À quelques pas de ce col où la neige fondante, le lendemain matin, dans le beau soleil du matin, imprégnerait l'herbe épaisse et jaunie des alpages ; et d'où la route vers le Piémont semblerait descendre, en sinuant, dans un cratère de verdure et de lumière mariées.

Je voudrais faire entendre et, moi-même, écouter sans fin cette parole précipitée, cette voix froide, allègre, sonnant sur des peignes, ou des plectres d'ardoise. Telle qu'il n'en est pas de pareille en ce monde.

Torrent : choisi pour dernier mot, quoi qu'il puisse advenir ensuite de celui qui l'aura tracé, du fait même que l'épithète « dernier » ne peut en aucun cas lui convenir. Parce qu'il jaillit, se rue, abonde, comme personne jamais n'aurait imaginé que cela pût se faire à partir de la pierre ; du fond de ces grands tombeaux froids.

And being swept back—that very evening yet also more vaguely at other times in the past—to childhood moments in the mountains when I had liked to play at the edge of torrents, crossing them or simply listening to them, could make me think that my amazement today, joining up all by itself with the other amazements from so many years ago, would form the shiny thread revealing the unity and the perseverance of my life . . . Would this going back in time suffice to explain the brilliant gleam of this recent moment in my fable? Is it so miraculous, after all, and so important, to meet up with your childhood again, as if you had found the thread of the labyrinth that you had been? Is this labyrinth worth the trouble of getting lost in it, lingering in it, finding your way once again?

Basically, I don't think that this was what the words rushing out of the stone mouth seemed to have told me.

These quick leaps of the waters above the black or violet barriers of schist.

Not far from this pass where the melting snow, the next morning, in the magnificent morning sunlight, would soak into the thick yellowed grass of the pasture; and where the road heading for the Piedmont would seem to curve down through a crater of greenery wed to light.

I would like to make these rushing words heard, and like myself to hear them endlessly as well—this cold lively voice resounding on the combs or plectrums of slate. A voice for which there is no equivalent in this world.

Torrent: chosen as the last word, whatever may happen to the person who will have written it down, by the very fact that "last," as an adjective, by no means suits it. Because a torrent gushes forth, rushes, abounds, as no one would ever have imagined happening from stone; from the bottom of these big cold tombs.

(Une blancheur d'effraie envolée dans le commencement de la nuit, à l'approche de la nuit : n'était cette rumeur, bien autre chose qu'un froissement de plumes.)

Cette course presque invisible, qui fait sonner l'ardoise des plectres. Qui produit cette sonorité d'ardoise dans l'imminence de la nuit ; dans ces hauteurs où la nuit est tout de suite très froide.

(Ou comme une bête mince courrait, fuyant Orion, dans un couloir d'herbe épaisse, dallé de schiste.)

(Ou comme, aussi, le passage précipité d'un de ces troupeaux transhumants qu'on a pu voir, il y a déjà longtemps, éclairer vaguement nos nuits.)

Ainsi ce lieu me vêt d'images pures. Je ne veux pas les effacer pour le moment. Passant le col en contrebande, vêtu en colporteur d'images : ce serait trop beau...

Aiguillée d'eau dans l'herbe déchirée.

Fraîcheur. Là pourrait être le secret, le foyer. Prestesse, allégresse.

(A white blur of barn-owl soaring off as night begins, as night approaches: were it not for this murmur, something very different from a rustling of feathers.)

This almost invisible racing, that makes the slate plectrums resound. That produces this sonority of slate when night is imminent: at these heights where night is immediately very cold.

(Or as a slender animal would run, fleeing Orion, down a corridor of thick grass paved with schist.)

(Or also like the hurrying along of one of those transhumant herds which, already long ago, we had managed to watch dimly illuminating our nights.)

This place thus clothes me with pure images. I do not want to efface them for the time being. Crossing over the pass as a smuggler, dressed like a peddler of images: this would be too beautiful . . .

A thread of water needling through the torn grass.

Freshness. Therein could lie the secret, the hearth. Nimbleness, liveliness.

Je parviens là, enfin : c'est mon « asile d'un instant ». Nul besoin d'aller au-delà. Dans la montagne qui n'est qu'immobilité, gravité, silence, au pied de ces monuments funèbres, je vois, j'écoute quelque chose qui pourrait être le temps courir avec une sorte d'allégresse, en scintillant de loin en loin, mais sans marquer la moindre usure ; sans rien perdre encore, non plus, de sa limpidité. Je le vois, je l'entends qui court, et pourtant on le dirait pareil à l'immobilité du ciel nocturne, même si ses constellations d'eau s'éparpillent trop vite pour qu'on puisse jamais songer à leur donner un nom.

Mais ce n'est pas assez qu'il coure ainsi sans s'user, sans se corrompre, éternellement rapide et jaillissant ; c'est sa fraîcheur, fichée dans le froid de la nuit, de l'altitude, qui vous fait arrêter là, en esprit, pour un instant, pour très longtemps, pour toujours.

Serait-elle par nous, sans qu'on puisse comprendre comment, saisissable, imaginable, approchable — « l'éternité n'est pas autrement fraîche », voilà ce qui semble être dit par le torrent.

Pourtant, que je ne l'oublie pas : ce n'est pas une voix, malgré les apparences ; ce n'est pas une parole ; ce n'est pas « de la poésie » . . . C'est de l'eau qui bouscule les pierres, et j'y aurai trempé mes mains.

Il ne faut ni orner, ni troubler, ni freiner ce cours.

Que l'on puisse y tremper les mains, et même les lèvres, est rigoureusement vrai. Mais est-il moins rigoureusement vrai que ce n'est pas seulement de l'eau qui dévale de ces montagnes ? N'est-ce pas cela que j'ai cru comprendre ailleurs à propos d'une combe, d'un verger, d'une prairie, quand, les traversant, je me laissais traverser par eux ?

I have reached this place, at last: it is my "refuge of a moment." No need to go beyond. In mountains that are but motionlessness, solemnity, silence—at the foot of these funereal monuments—I see, I hear something that could be time running with a sort of liveliness, sparkling every now and then, but without showing the slightest sign of wearing down; and without losing anything of its clearness, either. I see it, I listen to it running, and yet it also seems like the motionless night sky, even if its watery constellations are scattered too quickly for anyone to imagine giving them names.

But it is not enough that it runs in this way, eternally quick and ever surging forth, without wearing down, without becoming corrupt; its freshness, driven into the coldness of the night, of the high altitude, brings you to a halt, in your mind, for a moment, for a very long time, forever.

Without our being able to understand how, would we be able to grasp, imagine, approach this freshness? "Eternity is fresh in no different way"— this is what the torrent seems to say.

However, and I must not forget: it is not a voice, despite appearances; it is not words; it is not "poetry" . . . It is water jostling the rocks, and I will have dipped my hands in it.

This watercourse must not be embellished, troubled, slowed down.

That you can dip your hands in the water, and even your lips, is rigorously true. But is it less rigorously true that it is not merely water cascading down from these mountains? Is this not what I thought I had understood elsewhere in regard to a high mountain hollow, an orchard, or a meadow when, as I crossed them, I let myself be crossed by them?

Le torrent parle, si l'on veut ; mais avec sa voix à lui : le bruit de l'eau. Serait-ce donc que, sans m'en être avisé jusqu'ici (l'esprit décidément bien lent, bien obtus), je cherche à dire l'intérieur de ce bruit, de cette course ? L'invisible, en ces eaux, par quoi elles touchent ce que j'aurais en moi d'invisible ?

Torrent : ce qui brûle. Comme si la chose la plus fraîche pouvait être une flamme, un instant, entre deux mondes. Et que le voyageur âgé, se retournant, au moment de passer le col, vers sa déjà lointaine enfance : à peine quelques lambeaux de brume là-bas au fond du val, eût, l'espace d'une seconde, l'illusion de rejoindre plutôt ce qui, encore, l'attendrait.

The torrent speaks, if you will; yet with its own special voice: the noise of water. Could it thus be, without my being aware of it until now (my mind definitely very slow, very dull-witted), that I seek to express the inside of this voice, of this fast flowing? What is invisible in these waters, and by what means they touch what would be invisible inside me?

Torrent: what burns. As if the freshest thing could be a flame, a moment, between two worlds. And as if the aged traveler, as he crosses the pass and looks back toward his already remote childhood—barely a few shreds of haze down there at the end of the valley—had the illusion, for a second, of meeting up again, rather, with what would still await him.

ET, NÉANMOINS

AND, NONETHELESS

Ayant rayé le titre

Having Crossed Out the Title

« Devant le dieu à gueule de chien noir »

Beau titre, ai-je pensé
quand il m'est venu dans la nuit,
belle et noble image.

Mais cette nuit je ne suis pas dans un musée,
le noir devant moi ne s'orne d'aucun or
et si j'affronte un chien, ce ne sera qu'un chien de ce monde,
prêt à mordre.

Il n'y a pas non plus de barque funéraire à quai,
pas de ciel au-dessus,
pas de vieux sphinx pour assurer l'équilibre.
Il y a seulement des murs de toutes parts comme n'en ont que les tombes.

J'entends bien la rumeur des sages qui dissertent sans fin dans de hautes salles,
mais je ne peux pas plus y pénétrer qu'un âne dans un temple.

C'est à cause des caves sous les ruines
où je n'ai pas été contraint de m'enterrer pour survivre
avec les rats
.que je parle aujourd'hui ainsi
comme si ce n'était plus moi qui parlais
mais quiconque va finir par s'effondrer dans la boue.

"Facing Anubis with his jackal's jaws"

A catchy title, I thought
when it came to me one night,
a striking, noble image.

But I am in no museum tonight
and no gold adorns the darkness in front of me.
Any black jackal I meet will be a dog of this world,
ready to bite.

There is no funeral boat moored to the dock,
no heaven extending above,
no old sphinx for balancing the scales.
Only walls on all sides as only tombs have.

I indeed hear the murmur, coming from high-ceilinged halls, of the learned endlessly expatiating,
but I cannot enter those rooms any more than a donkey can a temple.

It is because of those cellars beneath the rubble
in which I was not forced to cower with rats
in order to survive
that I am speaking like this today
as if it were no longer I who were speaking
but anyone fated to fall flat down in the mire.

Il y a eu tout de même, un certain jour,
qui flottait dans l'église avec l'encens
cette musique à nommer divine
— divine parce qu'elle vous devançait avec ses clefs à la ceinture —
mais qui l'entend encore
si tout devient pareillement étroit et noir
et celle-là si lointaine et débile, ou peu s'en faut ?

À cause des amis coincés dans la nasse, au fond de l'eau, là où le jour n'atteint plus.

« Devant le dieu à gueule de chien noir »

Autant rayer, parvenu ici, les beaux titres,
autant laisser, peut-être, inachevé le livre
ou l'interrompre
au milieu de la page écrite seulement de larmes,
désarmées.

Là où le plus beau livre
n'est qu'un peu durable abri.

All the same, one day music
floated in the church with the incense;
it might have been called divine
because it went ahead of you, its keys dangling on its belt.
Yet who hears this music anymore,
as everything narrows and darkens,
and it seems so faraway, fading away, or almost so?

 Because of friends snared in the fishnet, in watery depths that daylight no longer reaches.

 "Facing Anubis with his jackal's jaws"

Having come this far, you might as well cross out the catchy titles,
might as well even leave the book unfinished
or bring it to a halt
in the middle of a page
penned only with disarmed tears.

Where the most beautiful book
can bring only temporary shelter.

Après qu'on a lâché ses cannes.

Soutenu à grand-peine par des femmes, par des sœurs habillées de patience —
si d'autres, invisibles, tardent à les relayer
on tombera, cette fois, tout de bon.

Si la lumière qu'on tenait encore dans sa main casse,
les pieds nus ne pourront que s'écorcher sur les tessons.

Si même la lumière casse.

Si les murs se resserrent.

Si le chien noir qui n'est pas un dieu aboie.

S'il vous mord.

After we have left our canes behind.

Sustained with great hardship by women, by sisters clad in patience—
if other, invisible, ones take too long to relay them
we will collapse for good this time.

If the light still held in our hands shatters,
the shards will surely flay our bare feet.

If even the light shatters.

If the walls close in.

If the black dog who is not a god barks.

If it bites you.

Arrivés là
il faudrait inventer une sœur, ou un ange,
comme personne jamais n'a pu en inventer.

Il faudrait, pour levier à soulever pareille dalle,
une lumière dont on a perdu le nom la héler.

At this point
we would need to invent a sister, or an angel,
as no one has ever invented one before.

And to lift such a stone slab we would need a lever—
a light whose name is lost and thus cannot be hailed.

Et, néanmoins

And, Nonetheless

VIOLETTES

VIOLETS

Rien qu'une touffe de violettes pâles,
une touffe de ces fleurs faibles et presque fades,
et un enfant jouant dans le jardin . . .

Ce jour-là, en ce février-là, pas si lointain et tout de même perdu comme tous les autres jours de sa vie qu'on ne ressaisira jamais, un bref instant, elles m'auront désencombré la vue.

A mere tuft of pale violets,
a tuft of those frail, almost faint flowers,
and a child playing in the garden . . .

On that day in the month of February, not so remote yet vanished like all the other days of our lives that we will never grasp again, those violets cleared up my sight.

Fleurs parmi les plus insignifiantes et les plus cachées. Infimes. À la limite de la fadeur. Nées de la terre ameublie par les dernières neiges de l'hiver. Et comment, si frêles, peuvent-elles seulement apparaître, sortir de terre, tenir debout ?

Dans la liturgie de l'année, plus constante, un peu plus éternelle que l'autre — qui d'ailleurs se défait —, elles ont leur place comme l'heure de prime dans la journée des reclus. Une heure où l'on ne peut parler haut. Pour les entendre, il faut déplacer de l'ombre. Être sorti des cauchemars. Défait de ses bandelettes. Ou n'est-ce pas plutôt que leur vue nous y aide ?

Violets are among the most insignificant, most hidden flowers. Lowly. Verging on dullness. Born of dirt broken up by the last snows of winter. How can such flimsy flowers even appear, sprout from the earth, remain upright?

In the annual liturgy, more constant and a little more eternal than the other one—which, moreover, is falling apart—they have their place like prime in a monk's day. An hour during which you cannot speak loudly. In order to listen to them, you need to shift shadows. Leave your nightmares behind. Undo your mummy wrappings. Or isn't it rather the sight of violets that helps us to do so?

« Je ne cueillerai pas les fleurs », dit l'Épouse du *Cantique spirituel* : cela signifie qu'elle se refusera certaines joies brèves pour une autre, réputée plus haute et plus durable. Ce refus n'empêche pas que les fleurs, même incueillies, ont été nommées dans le poème, qu'elles y sont limpidement présentes comme une beauté éparse au-delà de laquelle on ne pourrait sûrement pas aller sans l'avoir d'abord aimée.

"I will gather no flowers," says the Bride in *The Spiritual Canticle*, meaning that she will give up brief pleasures for another, reputedly higher, more lasting one. This refusal does not prevent even the unpicked flowers to be named in the poem, nor their being clearly present as a kind of scattered beauty that you obviously cannot get beyond if you have not first loved it.

Violettes.

Flèches à la tendre pointe, incapables de poison.

(Effacer toutes les erreurs, tous les détours, toutes les espèces de destructions ; pour ne garder que ces légères, ces fragiles flèches-là, décochées d'un coin d'ombre en fin d'hiver.)

Violets.

Tender-tipped arrows, incapable of bearing poison.

(Efface all the mistakes, the detours, the destructions in order to keep only those light fragile arrows shot from a shadowy corner at the end of winter.)

L'infime, qui ouvre une voie, qui fraie une voie ; mais rien de plus. Comme s'il fallait bien autre chose, qui ne me fut jamais donné, pour aller au-delà.

Frayeuses de chemin, parfumées, mais trop frêles pour qu'il ne soit pas besoin de les relayer dans le noir et dans le froid.

Lowly things, opening a way, clearing a way; yet nothing else. As if something very different, which was never given to me, were needed to go further.

Fragrant pathbreakers, yet too frail not to need a replacement, as in a relay, when it gets dark and cold.

DAUCUS, OU CAROTTE SAUVAGE

DAUCUS, OR WILD CARROT

Il faut rebaptiser ces fleurs ; les détacher des réseaux de la science pour les réinsérer dans le réseau du monde où mes yeux les ont vues.

Dans l'ombre des hauts chênes « en belle ordonnance », dans leur nef aérée où, à peine en a-t-on franchi le seuil, on devient plus tranquille — comme dans une grande maison.
On voit alors, éparses un peu plus haut que l'herbe sombre et vague, ces taches blanches qui bougent un peu, qui ont l'air de flotter, comme des flocons d'écume. En même temps, vaguement, parce que ces choses vues ainsi sont vagues, on pense à des fantômes qui apparaîtraient là dans cette pénombre favorable aux formes incertaines et improbables de la vie ; c'est-à-dire à des présences, presque des personnes, pas entièrement réelles, comme surgies d'ailleurs, revenues de très loin ou remontées d'obscures profondeurs ; plutôt pâles, fragiles à coup sûr, privées des belles couleurs de la vie ; sans que cette impression, d'ailleurs fugitive et un peu fade elle-même, effraie le moins du monde.

Ce sont des ombelles éparses dans l'ombre ; des espèces de constellations plus familières, moins éclatantes, moins froides et surtout moins figées que celles qui pourront sembler leur répondre au-dessus des arbres une fois que le beau voile du jour aura été tiré.

Me voici parvenu au seuil d'une espèce de ciel d'herbe où flotteraient à portée de la main, fragiles, plutôt que des astres aigus, de petites galaxies flottantes, légères, blanches vraiment comme du lait, ou de la laine de brebis telle qu'il en reste accrochée aux ajoncs dans les îles bretonnes.

These flowers need to be rechristened, removed from scientific networks in order to reinsert them into the network of the world in which my eyes saw them.

In the shade of tall oak trees in stately array, an airy nave in which you become calmer as soon as you have stepped across the threshold—as in a big house.

You then see white spots slightly wavering, seemingly floating, like flecks of foam scattered here and there, and higher than the dark, vague mass of grass. At the same time, equally vaguely, because things thus seen are vague, you think of ghosts hovering in this shadowy light so favorable to uncertain, unlikely forms of life; that is, to nearly human yet not wholly real presences seemingly surging forth from some otherworld, returning from far reaches or rising from dark depths; presences that are rather pale, definitely fragile, and deprived of the beautiful colors of life; yet this impression, itself a little faint and fleeting, does not frighten you at all.

Sparse umbels in the shadows; constellations of sorts that are more familiar, less bright, less cold and especially less fixed than those that could seemingly respond to them from above the trees once the day's beautiful veil has been drawn.

So I have arrived on the threshold of a kind of grass sky on which seemingly hover within arm's reach—instead of sharp single stars—fragile little galaxies that are floating, nearly weightless, and white just like milk or like sheep's wool when it stays snagged on gorse in the Breton islands.

C'est aussi un peu comme quand on surprend les premiers pépiements, avant l'aube, c'est-à-dire dans une autre sorte d'ombre, d'oiseaux qu'on ne voit pas. À la fois distincts et reliés. Mais ce murmure, ici, des ombelles, annonce-t-il aussi quelque chose comme un nouveau jour, une autre éclosion ? Il ne semble pas. C'est un langage encore plus étranger. Vagues lueurs dans l'ombre, flottant au-dessus de la tombe commune.

Surtout, ne pas plier cela dans l'herbier des pages ; mais le laisser déplié dans l'espace, laisser cela flotter au bout de ses tiges presque invisibles qui en empêchent pour un peu de temps la dispersion. Les laisser telles qu'elles sont, libres et liées, ces ombelles blanches dans l'ombre aérée des chênes, liées pour un temps et qu'on dirait heureuses de l'être, mais prêtes à l'envol, comme ne peuvent le rêver leurs sœurs célestes, clouées au bois de la nuit.

Ainsi, comme des lampes à tous les étages de la maison . . .

Quelques ombelles flottant dans l'ombre des grands arbres verts, qu'on est peut-être ici pour faire dire quelque chose à l'oreille la plus rétive ; avec le rêve téméraire, un peu fou, de remettre ainsi dans le réseau du monde le cœur aveugle, le cœur sourd ; de ramener à la maison du monde l'âme blessée, perdue, ou qui se croyait telle à jamais.

(On imagine une toile d'araignée aux dimensions du monde infini, qui brillerait dans l'ombre et dont le centre serait, cette fois, un tendre soleil inconnu.)

It is also a little like your ears catching the first chirps before dawn—that is, coming from another kind of shadow—of birds that you cannot see. Chirps at once distinct and linked. But does this whispering of the umbels, here, also announce something like a new day or another hatching? It seems not. It is an even stranger language. Vague glimmers in the shade, hovering above the common grave.

Above all, do not fold what you have seen into the herbarium of pages; let it unfold in space, let it float at the end of the almost invisible stems, which hold back the scattering for a little while longer. Let these white umbels in the airy shade of the oak trees remain as they are, at once free and linked, linked for a while and seemingly happy to be so, yet ready for flight as their celestial sisters, nailed to the wood of the night, cannot be.

Like this: lamps lighting up all the storeys of a house . . .

A few umbels hovering in the shade of the tall green trees, and our purpose here is perhaps to get them to say something to the most restive ear; along with the bold, rather insane dream to put the blinded heart, the deaf heart, back into the network of the world; to bring back to the world's home the lost, wounded soul, or whomever thought he would remain that way forever.

(You imagine a spider web as big as the infinite world, shining in the shade and whose center this time would be a tender unknown sun.)

« COMME LE MARTIN-PÊCHEUR PREND FEU... »

"AS KINGFISHERS CATCH FIRE . . ."

« Comme le martin-pêcheur prend feu, comme la libellule s'enflamme… » : dans le poème de Hopkins, cet oiseau qui prend feu flamboie comme le ferait un petit vitrail orange et bleu dans une église ; comme toute chose de ce monde-là, comme l'homme lui-même, comme le Christ, il affirme son être avec ardeur dans un monde ordonné.

Comme cette flamme, cette confiance, ces certitudes conduisent alors l'esprit loin et haut ! Et comme la parole ainsi entendue dans le froid vous emporte à son tour, vous enflamme — ne serait-ce que le temps de la lecture, et de loin !

Mais l'oiseau entrevu, le même, qui a flambé lui aussi orange et bleu au bord de la rivière cachée derrière les saules et les roseaux couleur d'ivoire, pour presque aussitôt disparaître dans leur abri, pour moi ce n'était rien qu'on pût rapprocher du Christ, ce n'était pas un morceau de vitrail dans une cathédrale où j'aurais pu prier, même pas un ange qui m'aurait apporté un message ; ce n'était qu'un oiseau, farouche comme ils le sont presque tous, mais plus coloré, plus chatoyant que ceux que l'on voit ici d'ordinaire, et c'était seulement la seconde fois que je le surprenais ainsi dans son domaine, entre roseaux et saules ; et le petit garçon qui nous accompagnait dans cette promenade de novembre un peu longue à son gré ne l'avait même pas vu, si vif que fût son clair regard.

Était-ce comme si j'avais rouvert une fois de plus mes *Mille et Une nuits* d'enfant à la page où la mère d'Aladin était figurée apportant au souverain une coupe pleine de fruits qui sont en réalité des pierres précieuses ; ou comme si cet oiseau était venu jusqu'à ces bords d'une rivière familière échappé d'une volière d'Orient, portant dans son plumage un bleu métallique, un orange radieux tels qu'en ont arboré en des âges depuis longtemps révolus des rois, des princesses et des prêtres, et tels qu'on ne les oublie plus quand on les a vus un jour scintiller aux murs des églises de Ravenne ?

"As kingfishers catch fire, dragonflies draw flame . . ." In Hopkins's poem, this bird catching fire blazes as would a small, blue and orange stained-glass window in a church; like anything in that world, like man himself, like Christ, the bird asserts his being in an orderly cosmos.

How this flame, this trust, these certainties guide the spirit up and outwards! And how in turn words heard in the cold sweep you up, enflame you—if for only as long as your reading lasts—and from afar!

Yet the glimpsed bird, the same one that also blazed blue and orange on the bank of the stream hidden behind ivory-colored reeds and willows (into whose shelter it vanished almost as soon), was nothing that could be likened to Christ; it was not a part of a stained-glass window in a cathedral in which I might have prayed, not even an angel who might have brought me a message; it was merely a bird, fiercely unsociable as they nearly all are, yet more colorful, more brightly shimmering than those normally seen here, and it was only the second time that I had come across it like that in its realm among the reeds and willows; and the little boy who was accompanying us on that November walk (which was a little too long to his liking) had not even spotted it, despite his quick clear eyesight.

Was it as if I had re-opened once again *The Thousand and One Nights* of my childhood to the page where Aladin's mother is depicted as bearing to the sovereign a bowlful of fruit, each piece of which is in fact a gem? Or as if this bird had escaped from some Middle Eastern aviary and flown all the way to the banks of a familiar stream, wearing on its plumage a metallic blue and a radiant orange such as were once displayed, in times long past, by kings, priests, and princesses, and such as can never be forgotten once you have seen those colors sparkling on the walls of the churches of Ravenna?

Oiseau qui semble libre de tous liens. Joyau orange et bleu presque aussi rare que ces reliques dont on n'entrouvre la châsse qu'à l'occasion de certaines fêtes.

Lui, toutefois, nul n'a jamais été tenu de le vénérer ; d'ailleurs, on ne peut l'enfermer nulle part, sous peine qu'il perde son éclat.

Proche parent de ces paroles entr'ouïes qu'on n'est jamais sûr d'avoir comprises, mais qu'on n'oublie plus.

Choses qu'il faut laisser aux saules, aux ruisseaux . . .

Choses qui vous parlent sans vouloir vous parler, qui n'ont nul souci de vous, dont aucun dieu ne saurait faire ses messagères.

Fragments brillants du monde, allumés ici ou là.
Mi-parti d'orange et de bleu, de soleil et de nuit.

Ou très tendre regard, feu et nuit, qui se serait posé sur vous un instant. Pour la toute dernière fois.

A seemingly unbound bird. A blue and orange jewel almost as rare as those relics for which reliquaries are half-opened only on certain feast days.

No one, however, has ever been required to venerate it; and indeed, if it were caged up anywhere, it would lose its shine.

A close relative of those half-heard words that you are never sure of having understood, yet that you never forget.

Things that you need to leave to the reeds, to the willows.

Things that speak to you without wishing to speak to you, that have not the slightest concern for you, that no god could turn into his messengers.

Brilliant fragments of the world, on fire here or there.
Per pale blue and orange, per pale sun and night, as on a coat of arms.

Or a very tender gaze—fire and night—alighting on you for a moment. For the very last time.

Jour de novembre, faste, où un martin-pêcheur a pris feu dans les saules.

Peut-être n'est-il pas plus nécessaire de vivre deux fois que de le revoir une fois disparu ?

Oiseau ni à chasser, ni à piéger, et qui s'éteint dans la cage des mots.

Une seule fois suffirait, pour quoi ? pour dire quoi ?
Un seul éclair plumeux
pour vous laisser entendre que la mort n'est pas la mort ?

Chasseur, ne vise pas : cet oiseau n'est pas un gibier.
Regard, ne vise pas, recueille seulement l'éclair des plumes entre roseaux et saules.

A lucky day in November, when a kingfisher caught fire in the willows.

Isn't having a second life perhaps less important than seeing it again once it has vanished?

A bird not to be hunted or trapped, and whose blaze burns out in the cage of words.

Once would suffice, but for what? To say what?
A single feathery flash
to give you the impression that death is not death?

Hunter, do not aim: this bird is not wild game.
Look, do not aim: gather only the flash of feathers among the reeds and willows.

Alliant dans ses plumes soleil et sommeil.

Tu n'aimes pas les joyaux plus que cela, je m'en souviens.
Mais un joyau ailé, un joyau avec un cœur ?
Un éclair farouche et peut-être moqueur, comme certains regards, autrefois ?

Le martin-pêcheur flambe dans les saules.
Il a flambé.
Et si quelque chose comme cela suffisait pour sortir de la tombe avant même d'y avoir été couché ?

Uniting sun and sleep in its feathers.

I remember that you do not like jewels all that much.
But a winged jewel, a jewel with a heart?
A fierce, perhaps mocking flash, as some looks used to be?

The kingfisher blazes in the willows.
It blazed.
And if something like that sufficed to lead you out of the grave even before you had been laid down in it?

Maintenant, dans la nuit, le souvenir m'est revenu de ce jour faste de novembre, et de l'oiseau-flamme entrevu entre les roseaux couleur de paille et les eaux qu'ils dissimulaient à notre vue ; à peine allumé qu'enfui. Cette image m'est revenue dans la nuit où j'étais couché, dans l'opacité de la nuit qui n'est pas seulement la nuit, qui quelquefois enferme, encage, étouffe, tellement interminable pour ceux qui ne peuvent plus y voir qu'une préfiguration de la mort. Je m'étais réveillé, sans trop savoir pourquoi, et j'ai revu l'oiseau qui n'était qu'un oiseau, les saules qui n'étaient que des saules, nous autres promeneurs avec l'enfant déçu qu'on dût rentrer sans même avoir aperçu la rivière où il aurait lancé sa flottille de bois. Je me suis dit alors (était-ce à la faveur de la nuit ?) que tout de même, tout de même, ces choses que j'avais eues un instant dans mon regard, et moi qui les avais regardées avec étonnement, toutes ces choses, peut-être, étaient encore — même si ne les ordonnait plus, selon toute apparence, aucune architecture dans laquelle on eût pu leur donner une place, retrouvant ainsi la jubilation de la foi — autre chose qu'elles-mêmes (nous compris, l'enfant compris, si libre, si confiant) ; pas seulement de l'ancienne boue et de la future poussière ; pas seulement pourriture à venir, futures cendres, rien futur. Mais autre chose. Quoi ? Je ne le saurai jamais, supposé que je n'abandonne pas tout de suite pareil rêve.

Alors, dans la nuit, peut-être grâce à la nuit qui pour moi, cette fois-là, n'était plus opaque ni définitive, je me suis dit aussi que ce devait être malgré tout cet oiseau qui m'avait fait voir autrement toute la scène, la vivre autrement ; comme quand, d'un feu qu'on croyait près de s'éteindre, une dernière flamme fuse, illuminant un coin de la chambre, ou des champs, pour nous les révéler infiniment autres que ce qu'on avait cru.

Now, at night, I remember that lucky November day and the bird-flame glimpsed between the straw-colored reeds and the waters that they concealed; barely lit, and it was gone. This image came back to me after I had lain down during one of those opaque nights which is not merely night, which can also sometimes enclose, encage, and suffocate, and which is so interminable for those who end up viewing it exclusively as a foreshadowing of death. I had awakened without really knowing why, and once again I saw the bird that was only a bird, the willows that were only willows, as well as all of us strollers and the disappointed child whom we had had to take home without our even spotting the stream on which he would have launched his wooden fleet. I then said to myself (was it under cover of darkness?) that all the same, all the same, those things that I had glimpsed for a moment, and I who had glimpsed them with wonder, all those things—even if they were apparently no longer ordered by any architecture in which we could have assigned them each a place, thus recovering the jubilation of faith—were still perhaps something else than merely themselves (including ourselves, and the child, who was so free and trusting); not only former mud and future dust; not only matter that would rot, future ashes, future nothingness. But something else. What, then? I will never know, supposing that I do not immediately abandon such a dream.

Thus, during that night, and perhaps thanks to a night that no longer appeared opaque and definitive this time, I also told myself that, despite everything, it must have been the bird that had enabled me to see the whole scene otherwise, to experience it otherwise: as when, in a fire that you thought was about to go out, a final flame bursts up and lights a corner of the room, or the fields, revealing them to be utterly different than what we had believed them to be.

PARENTHÈSE

PARENTHESIS

Tous ces rêves, depuis aussi longtemps qu'il m'arrive d'en noter, où le rêveur et, n'est-il pas seul, ses compagnons, se voient perdus, de plus en plus perdus, dans des banlieues désertes ou peu sûres, des quartiers que l'on croit avoir connus autrefois et qui ont changé jusqu'à devenir méconnaissables (jamais, me semble-t-il, dans des campagnes) — et comme le rêveur s'inquiète, comme son inquiétude, à mesure, devient angoisse, parce que, voulant téléphoner, il a perdu la carte à glisser dans l'appareil, ou le numéro à former, ou c'est l'interlocuteur qui est absent, ou dont la voix est inaudible ; ou parce que, voulant, une autre fois, héler ses compagnons, perdus comme lui, c'est sa voix à lui qui s'enroue, ou qui est trop faible pour les atteindre . . . Que signifie le fait que ce motif soit devenu le plus récurrent, le plus insistant de mes rêves ? Est-ce que la nuit dit la vérité ? ou une parcelle de vérité ?

Si c'était le cas, elle dirait que nous sommes vraiment perdus, et pas simplement dans un labyrinthe — où, après tout, il suffirait d'un peu de patience pour retrouver l'issue ; perdus parce que déportés dans un espace autre, altéré, perdus dans des lieux eux-mêmes perdus, et sans aucun espoir qu'on vienne jusque-là nous porter secours. Tels ces vieux que nous devenons ou que nos amis deviennent parfois un peu plus vite que nous, et que nous voyons si anxieusement s'éloigner ; à qui nous serions bien près de reprocher, à nos pires moments, de nous montrer trop clairement ce qui, plus ou moins, tôt ou tard, nous attend. (Quelquefois aussi, dans ces rêves, nous rencontrons des parents morts depuis longtemps, ou c'est leur voix qui répond au téléphone, reconnaissable, mais trop sourde, trop timide pour qu'on en comprenne le message, réduits à ce presque rien sur la toile inexistante de nos rêves —, dans les replis les plus profonds de leur étoffe inconsistante ; et pourtant là, en cette partie de nous, assez ressemblants pour ne pas être confondus avec qui ou quoi que ce soit.)

Ces rêves, donc, insistent, comme une rumeur : « Rappelez-vous, n'oubliez pas ceci, que vous êtes — ou allez être — de plus en plus perdus, ayant commencé à faire vos derniers pas (et bien que, aussi longtemps que vous aurez gardé le pouvoir de le dire, ce ne seront pas les vrais derniers pas, le nuage des paroles vous protégeant comme l'air protège). »

Les rêves de ces nuits-là disent-ils donc la vérité, la vérité plus vraie qu'aucune autre et qui l'emporterait sur toutes les autres ?

All these dreams, for as long as I have noted them down, where the dreamer and—if he is not alone—his companions find themselves lost, increasingly lost, in deserted or unsafe suburbs, or in neighborhoods with which you believe you used to be familiar and which have changed so much that they have become unrecognizable (though never, it seems, when they are in the countryside)—and as the dreamer starts worrying, as his worrying gradually turns into anxiety because he has lost the card that he needs to insert into the telephone when he wishes to make a call, or the number that he needs to call, or his interlocutor is not at home or has an inaudible voice; or, on another occasion, because his own voice hoarsens or is too weak to reach his companions, who are also lost, when he wants to hail them ... What is the meaning of the fact that this pattern has become the most recurrent and insistent one of my dreams? Does the night tell the truth? Or a fragment of the truth?

It this were so, the night would say that we are really lost and not merely in a maze—in which, after all, a little patience suffices for locating the exit; lost because we have been deported into another, altered, space; lost in places that are themselves lost, and without the slightest hope of anyone coming to rescue us. Like those old people whom we become and whom our friends sometimes become a little faster than we do, and whose departures we watch anxiously; friends whom, in our worst moments, we would be ready and willing to blame for having shown us too clearly what awaits us more or less, sooner or later. (Sometimes in these dreams as well, we meet up with long-dead relatives, or it is their voice that answers the telephone with a recognizable, yet too shy and muffled voice for us to grasp the message; and these relatives are reduced to mere nothings on the inexistent cloth of our dreams, in the deepest folds of their insubstantial material; and yet there, in this part of ourselves, they are lifelike enough not to be confused with anyone or anything else.)

Dreams thus insistent like a murmur: "Remember, do not forget this, that you are—or are going to get—more and more lost and have begun to take your last footsteps (even though, as long as you are able to express this, they will not really be your last footsteps, the cloud of words protecting you even as the air protects)."

Do the dreams occurring on such nights therefore tell the truth, a truth truer than any other and winning out over all the others?

Octobre. Il monte des feuilles d'or dans le ciel clair ; il y a presque un tintement de ces feuilles d'or au-dessus des jardins. J'ai de moins en moins de peine à imaginer un vieil homme venu s'asseoir là comme dans l'angle le moins visible d'une cour de temple ; et qui s'assoupirait là sans en demander plus que ce tournoiement d'une dernière feuille, et l'écho de moins en moins distinct d'une conversation entre deux passants parlant de la saison, même pas celui d'une prière à un dieu depuis longtemps disparu.

(Comme ces phrases s'inscrivent aisément sur la page, comme elles coulent bien, comme elles savent s'insinuer dans l'esprit pour faire oublier ce qui se rapproche ! Mais qu'y puis-je ? Une fumée de moucherons, qui signifie beau temps — une vraie minuscule constellation réinventant infatigablement, légèrement, sa figure —, monte jusqu'à ma fenêtre, comme hier quand le vent soufflait plus fort, un tourbillon de feuilles. C'est la lumière d'automne qui demande, là-dehors, à être dite et redite, c'est la montagne pareille à un chien couché sur le seuil et que rien pour le moment n'alarme, la distance donnée à mes yeux encore ouverts ; et les ombres légères qu'il y a sous les arbres ne sont pas la mort.)

Paroles de l'état de veille, paroles du jour.

Tout de même, qu'en est-il de ces phrases sans boiterie, sans fractures, sans bégaiement, sans asthme ? Elles ont l'air de se tisser toutes seules pour m'empêcher de voir autre chose, ou comme une rumeur assez continue pour couvrir d'autres bruits.

October. Golden leaves flying up into the clear sky, almost jingling above the gardens. It is less and less difficult to imagine an old man coming to sit there as in the least visible corner of a temple courtyard; and who would drowse off without asking for anything more than this swirling of a last leaf and the ever diminishing echo of a conversation between two passersby speaking about the season—not even the echo of a prayer to a long-vanished god.

(How easily these sentences get set down on the page, how well they flow, how they know how to worm their way into a mind and make it forget what is approaching! Yet what can I do? A little cloud of gnats, indicating good weather—a genuine little constellation deftly, indefatigably, reinventing its shape—rises to my window even as a whirlwind of leaves swirled up here yesterday in the stronger wind. It is the autumn light outside that beckons to be expressed and re-expressed, it is the mountain similar to a dog that is lying on a threshold and that nothing startles for the time being, it is the distance given to my still open eyes; and those slight shadows beneath the trees are not death.)

Wide awake words, daylight words.

All the same, what about these unlimping, unfractured, unstuttering, unasthmatic sentences? They seem to weave together all by themselves in order to keep me from seeing anything else, or are like a murmur constant enough to drone out other noises.

Ma vieille rengaine. Et pas le moindre progrès ? Ici se dessine une limite pour l'esprit incapable de penser vraiment, ballotté d'émerveillements en dégoûts, incapable de leur trouver un ordre qui les fonde. Trop abrité, peut-être, aujourd'hui encore, pour avoir droit à la parole. C'est pourtant ma voix : tout effort pour la durcir, la briser, la gauchir impliquerait un mensonge bien plus grave que celui qui l'imprègne peut-être malgré moi.

My same old song. And not the slightest progress? A limit is drawn here for a mind unable to really think, ever shifting from wonder to disgust and unable to define an underlying order for them. Too sheltered perhaps, even today, to have the right to speak. Yet it is my voice: any effort to harden it, break it, or distort it would imply a lie much more serious than the one pervading it perhaps against my will.

AUTRE PARENTHÈSE

ANOTHER PARENTHESIS

Je pense à Claudel, au cours de sa relecture du *Cantique des cantiques* dans le latin de saint Jérôme, écrivant, pour commenter ces mots du verset 10 du chapitre VI : *Descendi in hortum nucum* : « *Le jardin des noix, c'est le jardin des dogmes* », etc. ; ou à saint Jean de la Croix, expliquant lui-même ces vers de son propre *Cantique spirituel*, venu, comme on le sait, tout droit du *Cantique des cantiques* :

> « *A las aves ligeras,*
> *Leones, ciervos, gamos saltadores,*
> *Montes, valles, riberas,*
> *Aguas, aires, ardores*
> *Y miedos de las noches veladores,*
>
> *Por las amenas liras,*
> *Y canto de sirenas os conjuro,*
> *Que cesen vuestras iras,*
> *Y no toqueis al muro,*
> *Porque la esposa duerma mas seguro* »

et disant : « *Dans ces deux couplets, l'Époux divin parle aux oiseaux, aux lions, aux cerfs, aux daims, aux montagnes, aux vallées, aux autres choses qui représentent les divers obstacles que l'âme souffre dans son saint commerce avec Dieu, pour les conjurer de ne pas interrompre sa joie . . .* »

N'est-ce pas, dans l'un et l'autre cas, comme si l'explication réduisait le poème à une imagerie et, du même coup, l'altérait, sinon le ruinait ?

Un jour que, sans y « descendre » à proprement parler, j'avais, avec des compagnons de promenade, longé un verger de noyers, ce n'était pas une allégorie de quoi que ce soit qui, en lui, avait, le temps de le longer, retenu mon attention la plus intérieure. Même si j'avais eu pour les dogmes de l'Église le même respect que Claudel, pour rien au monde je n'aurais voulu voir ces beaux arbres s'effacer au profit de pensées, fussent-elles les plus vénérables ! N'empêche : ils me semblaient, sans cesser d'être des arbres, rayonner aussi au-delà d'eux-mêmes ; ils dessinaient avec ce qui les accompagnait :

I am thinking of Paul Claudel rereading *The Song of Songs* in Saint Jerome's Latin and glossing the phrase *descendi in hortum nucum* of 6:10 as "the walnut orchard is the dogma orchard," etc. And of Saint John of the Cross explaining the following lines from his own *Spiritual Canticle*, which, as we know, comes straight from *The Song of Songs*:

"*A las aves ligeras,*
Leones, ciervos, gamos saltadores,
Montes, valles, riberas,
Aguas, aires, ardores
Y miedos de las noches veladores,

Por las amenas liras,
Y canto de sirenas os conjuro,
Que cesen vuestras iras,
Y no toqueis al muro,
Porque la esposa duerma mas seguro."

He remarks: "In these two strophes, the divine Bride speaks to the birds, the lions, the stags, the deer, the mountains, the valleys, and to the other things that represent various obstacles from which her soul suffers in its holy dealings with God, to beseech them not to interrupt her joy . . ."

In both cases, is it not as if the explanation reduced the poem to its imagery, thus altering it, if not ruining it?

One day when some hiking companions and I did not, strictly speaking, "go down into" but rather walked alongside a walnut orchard, it was no allegory whatsoever that—as we were passing by—held my innermost attention. Even if I had maintained the same respect as Claudel for Church dogmas, not for anything in the world would I have wished to see those beautiful trees replaced by thoughts, even by the most venerable ones! Be this as it may: without ceasing to be trees, the walnut trees also somehow beamed beyond themselves; along with what was in their midst—

235

un ruisseau, des pierres, de l'herbe, une figure qui me prenait à son piège ; sauf que ce piège, au lieu de me faire prisonnier, semblait me rendre plus libre ; loin de m'être mortel, il semblait me donner plus de vie. Et c'était le même résultat aussi que produisait la poésie, chaque fois qu'elle aurait mérité ce nom.

Il en allait de même dans ma lecture du *Cantique spirituel*. Je ne le lisais pas « à la lettre », comme une histoire d'amour tout humaine dans un espace tout terrestre ; mais je pouvais moins encore en lire la traduction en termes de « méthode spirituelle », fût-elle due à son auteur lui-même, une des voix les plus pures que j'aie jamais perçues.

Lisant le *Cantique spirituel* dans sa langue, c'est-à-dire sans rien perdre de sa musicalité, aussi âpre, aussi nette, aussi limpide que le paysage castillan que j'avais tant aimé traverser un jour de grand soleil, j'entrais spontanément, sans même avoir à y penser, dans un espace « entre deux mondes » où tout mon être, lui-même double, se dilatait avec joie. Je recevais en don des images qui, loin d'être alourdies ou fatiguées par leur venue de régions très reculées du temps, s'en trouvaient comme ailées (ainsi qu'une musique qui en engloberait d'autres antérieures et n'en resterait pas moins transparente) ; mais qui étaient aussi des choses vues par moi dans ma vie, souvent ou quelquefois : ces montagnes, ces colombes, ces rivières, ces fruits, tel mur de maison, ces bergers, ces nymphes et même cette mèche de cheveux frôlant une nuque. Or (et c'était cela l'entre-deux), il n'était pas une seule de ces choses ou de ces créatures terrestres que l'élan du poème, et ses pauses, ne transforment : comme si elles étaient bien là, visibles, audibles avec la plus grande netteté, jamais floues, jamais flottantes (on n'était pas dans un pays de brumes !), mais avec une part d'invisible aussi présente, aussi indubitable que leurs contours, une part d'invisible extraordinairement radieuse (l'équivalent, pour les yeux, de ce qu'est pour l'oreille la « *musique tue* » qu'évoque un vers du même *Cantique spirituel* juste après qu'il a été question de « *la nuit reposée / avant que se lève l'aurore* »).

L'entre-deux, l'enclos ouvert, peut-être ma seule patrie ; le monde qui ne se limite pas à ses apparences et qu'on n'aimerait pas autant s'il ne comportait ce noyau invisible qu'un poème comme celui de saint Jean de la Croix fait rayonner mieux qu'aucun autre ; pas plus qu'on ne saurait aimer une lumière qui en impliquerait l'oubli ou le refus.

a stream, stones, grass—they formed a configuration that caught me in its trap; except that this trap, instead of holding me prisoner, seemed to make me freer; far from being fatal, it seemed to give me more life. And I had been affected in the same way by poetry, whenever it had been worthy of the name.

This likewise occurred when I read *The Spiritual Canticle*. I did not read it literally, as a wholly human love story set in a wholly earthly place; yet nor could I read it as a "spiritual method," be it conceived by the author himself, one of the purest poetic voices that I have ever heard.

While reading *The Spiritual Canticle* in the original, that is without losing anything of its musicality, which is as harsh, stark, and clear as the Castilian landscape that I had admired so much one day while we were driving across it under a bright sun, I spontaneously entered, without even having to think about it, a space "between two worlds" where my whole being, itself double, swelled with joy. I was receiving gifts of images that, far from being weary or weighted down because of their long voyage from remote regions of time, seemed to have taken on wings (like a musical composition incorporating earlier musical elements yet remaining no less transparent); yet images that were also things often or occasionally seen by me during my lifetime: these mountains, these doves, these streams, these pieces of fruit, this wall of a house, these shepherds, these nymphs and even this lock of hair brushing against the nape of a neck. Now it so happened (and this was the in-between space) that there was not a single example of these earthly things and creatures that the momentum of the poem, and its pauses, did not transform: as if the things and creatures were indeed there, perfectly visible and audible, never blurry, never wavering (we were in no misty country!), yet with a part of the invisible also as present and as indubitable as their very shape, an extraordinarily radiant part of the invisible—the equivalent, for the eyes, of what for the ears is the *"silent music"* evoked in the same *Spiritual Canticle* just after the lines *"the night having rested / before the dawn rises."*

This in-between space, this open enclosure—perhaps my only homeland; a world that is not confined to its appearances and that you would not love as much if it did not contain this invisible core that shines in a poem like the one written by Saint John of the Cross, indeed more brightly than in any other; no more than you could love light that implied neglecting or rejecting this core.

Dans son *Journal*, le 14 mai 1870, Hopkins note : « *Un jour, quand les jacinthes des bois étaient en fleur, j'ai écrit ce qui suit : je crois n'avoir jamais rien vu de plus beau que la jacinthe que je regardais. Par elle je connais la beauté de Notre-Seigneur.* »

Cette « explication », s'il faut la nommer ainsi, je ne puis la faire mienne, à tort ou à regret. Il me faut essayer, sur le même thème, à partir d'une émotion identique, autre chose. Révérence gardée.

« Par elle, par telle sorte de fleur, qui dure si peu, je puis imaginer que le monde ne soit pas fini, que toute chose soit plus que ce qu'elle paraît être, excède on ne sait comment ses limites apparentes. Ressentir d'une chose qu'elle est belle, comme nous le faisons sans que rien ne nous y prépare ou encore moins oblige, c'est éprouver qu'elle éclaire plus loin qu'elle-même ; c'est éprouver, à la fin des fins, qu'elle ouvre, à n'en plus finir.

« Par elle, je suis conduit vers la lumière qui a porté depuis des siècles tant de noms divins, dont aucun n'est jamais parvenu à ne pas la voiler en partie.

« Par elle, je suis entraîné, comme par des sirènes non captieuses, dans un espace qui pourrait être de plus en plus ouvert ; comme il arrive qu'une main vous capture, vous entraîne, en silence, hors des plus sombres labyrinthes.

« Par elle pourrait commencer la réparation du plus haut ciel. À même la terre qui ne s'ouvrirait plus seulement à coups de bêche pour des tombes. »

Paroles à la limite de l'ouïe, à personne attribuables, reçues dans la conque de l'oreille comme la rosée par une feuille.

In his *Journal*, Hopkins notes on 14 May 1870: "*One day when bluebells were in bloom I wrote the following. I do not think I have ever seen anything more beautiful than the bluebell I have been looking at. I know the beauty of the Lord by it.*"

Wrongly or regretfully, this "explanation," if it can be called one, cannot be mine. I need to attempt something else, on the same theme, beginning with an identical emotion. With all due respect.

"By means of this bluebell, or any flower, which barely lasts, I can imagine that the world is not finite, that anything is more than it appears to be and somehow exceeds its apparent limits. Sensing that a thing is beautiful—although nothing prepares or, even less, obliges us to do so—, means experiencing it as shining beyond itself; it means feeling that, in the final reckoning, it opens up, and never stops doing so.

"By means of this bluebell, I am led to the light that for centuries has been given so many divine names, yet none of which has ever managed not to veil it partly.

"By means of this bluebell, I am led away, as if by undeceiving sirens, into a space that could open up ever more; even as it happens that a hand grasps you, leads you away, in silence, out of the darkest labyrinths.

"By means of this bluebell the highest circle of heaven could begin to be mended. At the level of the ground, which would no longer open only when shovels were digging graves."

Words at the limit of hearing, attributable to no one, received in the conch of the ear like dew by a leaf.

ROUGE-GORGE

ROBIN

Les soirs d'hiver, qui s'enflamment presque tendrement, comme une joue, tandis que dans les hauteurs, le ciel atteint la plus vive transparence : tout près de n'être plus rien, puisque à travers lui on ne voit pas autre chose ; et pourtant . . . Je repense au vers de Nerval qui rapproche la sainte et la fée : verrais-je ici, dans mon jardin, la transfiguration de la fée encore rose, encore incarnate, en sa propre âme toute pure et sans plus de poids ? Ce serait trop beau, trop conforme à mes rêves. Je crois qu'il y a là plutôt quelque chose comme une eau très pure.

Travaillant au jardin, je vois soudain, à deux pas, un rouge-gorge ; on dirait qu'il veut vous parler, au moins vous tenir compagnie : minuscule piéton, victime toute désignée des chats. Comment montrer la couleur de sa gorge ? Couleur moins proche du rose, ou du pourpre, ou du rouge sang, que du rouge brique ; si ce mot n'évoquait une idée de mur, de pierre même, un bruit de pierre cassante, qu'il faut oublier au profit de ce qu'il évoquerait aussi de feu apprivoisé, de reflet du feu ; couleur que l'on dirait comme amicale, sans plus rien de ce que le rouge peut avoir de brûlant, de cruel, de guerrier ou de triomphant. L'oiseau porte dans son plumage, qui est couleur de la terre sur laquelle il aime tant à marcher, cette sorte de foulard couleur de feu apprivoisé, couleur de ciel au couchant. Ce n'est presque rien, comme cet oiseau n'est presque rien, et cet instant, et ces tâches, et ces paroles. À peine une braise qui sautillerait, ou un petit porte-drapeau, messager sans vrai message : l'étrangeté insondable des couleurs. Cela ne pèserait presque rien, même dans une main d'enfant.

Cependant vous parvient aux oreilles, par intermittence, le bruit discret, comme prudent, des dernières feuilles du figuier ; celui, plus ample mais plus lointain, des hauts platanes d'un parc ; c'est la rumeur du vent invisible, le bruit de l'invisible. À l'abri duquel le rouge-gorge et moi vaquons à nos besognes. Lui, le porte-lanterne, l'imprudent, si rôde un chat.

Those winter evenings that flame up almost tenderly, like a blushing cheek, while much higher the sky takes on the most vivid transparency and nears being nothing whatsoever anymore since nothing else can be spotted through it; and yet . . . I recall Nerval's line bringing together the fairy and the saint: here in my own garden am I somehow watching the still rose-colored, still incarnate fairy being transfigured into her own wholly pure, now weightless soul? This would be too beautiful and match my dreams too well. Instead, I think that it was only something like a very pure water.

While working in the garden, I suddenly see a robin two steps away, seemingly wanting to speak or at least keep me company: a tiny pedestrian as well as a perfect victim for cats. How to depict the color of its throat? A color less close to rose, crimson or blood red than to brick red—if this latter hue did not evoke the notion of a wall, even of rock, the noise of a rock that breaks easily, all of which need to be forgotten in favor of what also conjures up domesticated fire, the reflections of fire; a somehow friendly color, no longer possessing any of the cruel, burning, warrior-like or triumphant qualities of red. In its plumage, which is the color of the ground over which it loves to hop, the bird wears a sort of scarf that indeed has the color of domesticated fire, the color of the sky at sunset. This scarf is nearly nothing, even as this bird is nearly nothing, nor this moment, these gardening labors, these words. Barely an ember jumping about or a tiny standard-bearer, a messenger without a true message: the unfathomable strangeness of colors. It all would weigh nearly nothing, even in a child's hand.

However, your ears catch the intermittent, discreet, seemingly prudent whispering of the last leaves of the fig tree; and the more sonorous, yet more remote, rustling of the tall plane-trees in a big garden; this is the murmuring of the invisible wind, the humming of the invisible. From which the robin and I, as we attend to our affairs, are sheltered. But the lantern bearer is also reckless if a cat is on the prowl.

Cet oiseau piéton, que l'on est tellement tenté d'imaginer amical et même complice, tout à la fois tranquille et comme timide, moins espiègle que beaucoup d'autres ; cet oiseau proche en qui l'on verrait volontiers l'âme réincarnée d'un enfant ami des branches souples du figuier et de la terre soigneusement peignée par le râteau, je ne vais pas rêver qu'il me serve jamais de guide à la fin du jour, ni qu'il me soit du moindre secours quand j'aurai besoin de secours. C'est aujourd'hui, c'est hier qu'il m'a aidé, sans d'ailleurs se préoccuper plus que cela de moi, malgré les apparences ; simplement en étant là, vivant, visible sous le ciel visible et vivant, avec la drôle de parole involontaire de sa tache rouge que j'ai lue avec surprise, comme j'en ai lu tant d'autres, sans mieux les comprendre. C'est donc aujourd'hui, sans attendre, qu'il me faut noter, tel que je l'ai reçu, ce message — qui n'en est pas un ; tant que je suis en état de le faire. Bien décidé d'avance à rompre, si possible, avec le loqueteux qu'on finira par devenir, à lui retirer d'avance la parole, lui refusant tout droit à obscurcir de ses hoquets ce qu'il m'aura été donné de faire rayonner avant sa misérable entrée en scène. Qu'on l'aide, alors, lui, l'infortuné, comme on doit et peut aider les malades ; mais que tout cela reste une affaire privée, dont rien ne filtre au-dehors ; et qu'aucune ombre de cette sorte-là, venant de moi, réduit après tous les autres à la débâcle, ne vienne rétrospectivement altérer la limpidité du monde tel que je l'aurai vu tant de fois en ayant encore, comme on dit, « tous mes esprits ». À la putréfaction, il faut refuser la parole. Non pas la nier ; mais la réduire au peu qu'elle est. S'acheminer vers son propre cadavre n'est pas gai ; il faut le plus souvent franchir là des étapes presque, ou même tout à fait infernales. Mais le vivant a d'abord été vivant, un rouge-gorge a eu l'air de lui parler, une très petite boule de plumes avec un cœur ; un réseau beaucoup moins visible qu'aucune toile d'araignée reliait ce peu de chose au bruit des feuilles sèches sur les dalles d'une terrasse, à la rugueuse et friable terre qui n'avait déjà plus sa chaleur d'été (comme la main qui la travaillait), à l'ombre sous les arbres, à la lumière pâle au-dessus d'eux ; ce réseau était-il un piège dont la mort prochaine de l'oiseau, celle à peine moins prochaine de celui à qui il tenait compagnie eussent été le centre ? Sur le moment, si j'avais pensé (mais il y avait mieux à faire), j'aurais probablement imaginé que le centre de la toile invisible ne pouvait être un monstre noir, que tous les éléments qu'elle tenait ensemble pour un instant parlaient, pariaient pour le contraire. Il faut réserver le droit de la parole à ce qui vit. « Laissez les morts ensevelir leurs morts. » Cette parole n'est pas nécessairement dure. Elle pourrait signifier : « Laissez les ténèbres à leurs ténèbres, et allumez la lampe qui conduit au lever du jour. »

This bird-pedestrian that it is so tempting to imagine as a friend and even a partner, as at once tranquil and apparently timid, as less mischievous than many other birds; this bird so near to our hearts in that we would willingly consider it to be the reincarnated soul of a child who had been the friend of the fig tree's flexible branches and of carefully raked dirt—I am not going to muse that it will act as my guide at the end of day, nor that it will be of the slightest help when I need help. It was today, and yesterday, that it helped me, without, moreover—in spite of appearances—showing any more concern than that for me; it helped me simply by being there, alive, visible beneath a sky that was also alive and visible, with those strange involuntary words of its red spot, which I read with surprise, like many other words that I have read, and without understanding them any better. So without waiting, it is today that I must note down this message—which is not one—exactly as I received it and while I am still able to do so. Well-resolved in advance to break off, if possible, from the pauper in tatters whom we all end up becoming, to withdraw his right to speak ahead of time, refusing to let his gasps darken what I was given and what I intended to let shine, before the wretched man came on stage. May this unfortunate man be helped, for sick people can and should be helped; but let all the rest remain private, with nothing filtering through; and may no shadow of that kind, coming from me, when it is my turn to be reduced to a rout, retrospectively come and alter the clarity of the world as I saw it so many times while I still possessed, as one says, "all my mind." Putrefaction should not be allowed to speak. Not denied, but rather reduced to the little that it is. Heading toward your own corpse is not cheerful; most often, you need to pass through stages, even wholly hellish ones. But a living person was first and foremost alive, and a robin—a tiny feathery ball with a heart—seemed to speak to him; a network much less visible than the finest spider web linked this little trifle to the rustling of dry leaves on patio flagstones, to the rough crumbly dirt which, like the hand digging in it, was no longer warmed by the summer heat, to the shade beneath the trees, to the pale light above them. Was this network a trap at the center of which lay the imminent death of the bird and, hardly less imminent, of the man whom the bird was keeping company? At the time, if I had thought about it (but I had better things to do), I would probably have imagined that the center of the invisible web could not be a black monster, that all the elements it held together spoke up for, wagered on, the opposite. The right to speak must be reserved for the living. "Let the dead bury their dead." These words are not necessarily harsh. They could mean: "Let the darkness take care of its darkness, and light the lamp that leads to the sunrise."

COULEURS, LÀ-BAS

COLORS IN THE DISTANCE

Chose vue par deux fois en revenant du Val des Nymphes, un soir de fin d'hiver : métamorphose, jamais vue ailleurs que là, d'un fragment de paysage — arbres, buissons et prés —, où les couleurs, dirait-on, sont devenues comme diaphanes.

Parce que c'est vu juste avant la nuit, qui tombe tôt, c'est un moment assez bref, à la limite du perceptible ; juste avant que les couleurs ne s'éteignent, ne se fondent dans l'obscurité. Cela dure peu, mais surprend d'autant plus : comme quand une ombre passe vite et s'enfuit, sans qu'on puisse espérer la rattraper jamais.
C'est comme si l'on avait déposé sur les choses des couches de peinture extrêmement minces, qui laisseraient passer un peu d'une luminosité qui viendrait d'en dessous ; couches de couleur translucides, mais sans être brillantes.
Comme des lames vitrifiées ? Couleurs nettes, oui, fragiles, oui, comme du verre ; mais surtout brèves, saisies avant l'imminence de leur extinction.

Un paysage vu « in extremis » (sans qu'on éprouve à le surprendre ainsi nulle mélancolie, au contraire). Quelque chose qui s'émacierait, se décanterait avant de s'effacer ; se transfigurerait, si l'on veut, mais modestement, en passant presque inaperçu, en se cachant. Quelque chose, aussi, d'ultime, ou mieux : de pénultième ; presque déjà de l'obscurité et, d'une certaine manière, infranchissable ; on se dit qu'on ne pourrait pas s'y promener ou que, le voulût-on, ce serait comme ces mirages dissipés dès qu'on s'en approche, ou quand on cherche à s'en assurer. Un court instant avant la nuit, une élucidation ? Nullement : un autre état des couleurs, quelque chose comme leur propre souvenir, leur adieu contenu dans leur présence. Des surfaces, des lames de couleur, extrêmement minces, une atténuation de la présence des haies, des prés, des bois ; ce qu'est une rumeur au bruit, ou au silence. Sans absolument rien de spectral ou d'occulte.

Couleurs sombres déjà, mais en quelque sorte transparentes ; telles qu'un peintre pourrait les avoir imaginées, puis posées sur la toile, ou plutôt sur une feuille de soie, s'il voulait montrer quoi ? Un lieu étrange en dépit de son absolue simplicité, de son calme, de son immobilité ; très loin de tout délire ou de toute extase. Peut-être : un lieu comme ils ont aimé à en montrer à travers une fenêtre, dans des lointains de crépuscule ; oui, peut-être comme ce qu'on découvre dans un coin d'un grand tableau de Patinir (encore que ses lointains à lui soient plus bleus) ou de Poussin, avec tout à coup la surprise de très petits personnages que leurs dimensions rendent irréels ; sauf qu'ici,

Something seen twice in the evening at the end of winter, when coming back from the Val des Nymphes: the metamorphosis, never seen elsewhere, of a landscape fragment—trees, bushes, meadows—such that the colors seemingly became diaphanous.

Because this occurs just before nightfall, which comes early, it is a rather brief, barely perceptible moment just before the colors fade away and blend into the darkness. The moment hardly lasts, yet startles all the more: as when a shadow flits by and away, leaving no hopes of ever catching up with it.

It is as if things had been covered with an extremely thin coat of paint letting a little light pass up and through; translucent coats of color, without being shiny.

Like glassy strips? Distinct colors, yes, fragile colors, yes—like glass; yet above all fleeting, glimpsed before their imminent disappearance.

A landscape seen "in extremis," yet without your feeling any melancholy when you chance upon it—on the contrary. Something thinning away or decanting itself before vanishing; or transfigured as it were, yet modestly, almost imperceptibly, while hiding. Also something ultimate; or better, penultimate; almost already part of the darkness and, in a way, impassable; you tell yourself that you could not walk there or that, if you wanted to, it would be like those mirages that vanish as soon as you approach them or when you seek to assure yourself of their existence. A brief moment before nightfall—an elucidation? Not at all: another state of colors, something like their own memory, with their farewell included in their presence. Extremely thin surfaces or strips of color, softening the presence of hedges, meadows, woods; what a murmur is to noise, or to silence. Without anything spectral or occult.

Already dark, yet also somehow transparent colors; like those that an artist might have imagined and then painted on canvas, or rather on silk—but with the intention of depicting what? A strange place despite its absolute simplicity, calmness, and immobility; remote from any delirium or ecstasy. Perhaps: like one of those far-off lands in twilight that painters liked to reveal through a window; indeed, perhaps like what you spot in the corner of a large painting by Patinir (though his distant horizons are bluer) or by Poussin, with your sudden surprise at human figures whose tininess makes them seem unreal; except that here,

dans ce dont j'essaie de donner une idée, il n'y a pas de personnages. Est-ce alors comme on vous ferait voir un fragment de paysage, de monde, au dernier moment, avant qu'il ne soit trop tard — et pourtant, on n'éprouve pas là-devant le moindre sentiment d'urgence, de fièvre, d'angoisse, la nuit qui va venir n'étant nullement la mort ? Ou comme on ferait entendre une dernière note, pianissimo, mais parfaitement distincte, cristalline ? Il faudrait alors voir ces couleurs en suspens comme des notes, distinctes bien qu'à la limite de l'exténuation et, quoique plutôt sombres, transparentes ? Comme un oiseau qui montrerait ses ailes au moment de disparaître de notre vue ? Ou un éventail au moment de se refermer, derrière lequel il y aurait une étendue de ciel révélée par son reploiement ? Couleurs, là-bas, tandis que le soir tombe, telles de minces vitres, de très fines lamelles qui vibreraient à peine, produisant pour la vue l'équivalent presque d'un bruit d'écailles ou de papier de soie ?

On rentre chez soi. C'est la fin d'un jour d'hiver, un peu moins court déjà que la veille, et on l'éprouve avec plaisir. On a levé les yeux : c'est comme quand on voit filer une bête d'ordinaire invisible à travers un paysage, ou un oiseau venu traverser le ciel sans qu'il soit possible de l'identifier.

À croire que pendant ces quelques instants, là-bas, les choses auraient changé, sous les doigts frais de la nuit à venir ; un instant.

Qu'elles seraient devenues du verre, matière précise et cassante, mais précieuse, aussi ; en même temps un peu plus sombres, et plus transparentes ; des lames de verre posées sur de la lumière qui va s'éteindre, mais dont on sait qu'elle reviendra, des verdures changées en verre ; une espèce de mirage, évidemment ; ni moins singulier, ni moins touchant pour autant.

Il y a là de ces vues qui vous font changer d'espace, par l'étroit interstice entre le jour et la nuit, entre l'hiver et le printemps ; là, dans l'intervalle, par un simple effet de lumière, on vous offre la représentation (mais sans rien de théâtral) d'un rapprochement entre les choses et les pensées ; les choses sont encore des choses, l'herbe encore de l'herbe, mais quelque chose miroite derrière, ou dessous, ou dedans. Cela se passe loin de tout bruit, et à l'abri de l'ombre. En ce moment et ce lieu-ci, l'ombre n'est plus synonyme de complot, de menace ; au contraire. Elle a pris la forme d'une servante qui vous invite à entrer.

in what I am trying to give an idea of, there are no human figures. Is it as if you were shown a fragment of a landscape, or the world, at the final moment, before it is too late?—and yet you feel no urgency, excitation or anxiety when facing it since the night to come is not death at all. Or as if a last note—pianissimo yet perfectly clear, crystalline—were sounded? Should these hovering colors thus be viewed as distinct musical notes even though they are about to fade away and, despite their being rather dark, as transparent ones? Like a bird that would flash its wings as it was flying out of sight? Or a fan just as it was closing and behind which an expanse of sky were revealed as the fan was opening again? These colors in the distance, as night is falling, are they like thin windowpanes, extremely fine barely quivering strips producing for eyesight the near equivalent of a rustling of shells or tissue paper?

You go home. It is the end of a winter day, one that is a little longer than the day before, and you sense this with pleasure. You raised your eyes: it was as when you spot a usually invisible wild animal running across a landscape or an unidentifiable bird flying across the sky.

You can almost believe that things had changed during those few moments, in the distance, beneath the fresh fingers of the coming night. One moment.

That things had become glass, a precise, breakable kind of matter, and a precious one as well; at the same time, had become slightly darker and more transparent; glass strips placed on light which is going to fade out, yet which you know will return; greenery changed into glass; a kind of mirage, obviously, yet no less unusual, or touching, because of this.

Such are sights that make you shift from one space to another by means of the narrow interstice between day and night, between winter and spring; there, in the interval, a simple effect of light offers you the spectacle (yet with nothing theatrical about it) of things and thoughts coming together; things are still things, grass is still grass, but something shimmers behind, below, or within. All this takes place far from all noises and in the shelter of shadow. In that moment and in that place, shadow is no longer a synonym of conspiracy or threat. On the contrary, shadow has taken on the form of a servant who invites you to come in.

Les mots « triste » et « transparent ».

Vite, regardez cela ! Le temps d'y inviter, et c'est déjà la nuit.

Verdure qui devient du verre, obscurité sans épaisseur qui n'est pas de l'ombre, mais aussi du verre, à la fois dur, exact et fragile.

Ce à quoi l'irréelle servante entrevue nous convie, c'est à la nuit « plus aimable que l'aube », à la nuit sans menace et sans opacité.

Comme si une portière invisible, et qui le restera, vous invitait à vous glisser par la porte entrouverte entre le jour et la nuit, la porte de moins en moins verte et qui ne se refermera pas derrière vous.

Ce que l'enfance a pu vous donner, il y a si longtemps qu'on s'en souvient à peine, ce que l'amour permet quelquefois : que le regard voie plus loin que les haies, les murs, les montagnes, la lumière présente, mieux qu'aucun souvenir, l'offre encore aux vieillards recrus afin qu'ils soient encore un peu vivants.

Il y aurait ainsi deux servantes : celle qui, plus ou moins patiemment, plus ou moins rudement, le soutient, le nourrit, le lave, et son double invisible qui, moins ponctuelle, muettement, miséricordieusement, lui fait signe avec un tendre sourire.

The words "triste" and "transparent."

Quick, look at that! The time it takes the "that" to beckon you, and night has fallen.

Greenery that becomes glass, darkness that lacks thickness and is not shadow, yet that also is glass—hard, precise, and fragile.

What the barely glimpsed unreal servant invites us to is a night "more loveable than the dawn," to a night without threats, without opacity.

As if a invisible portress, who will remain invisible, invited you to slip through a door that stands half-open between day and night, a door that is increasingly less green and that will not shut behind you.

What childhood was able to give you so long ago that you hardly remember and what love sometimes allows: that your eyes see further than the hedges, the walls, the mountains; and the light of the present, better than any memory, likewise offers this to weary old people so that they will remain a little alive.

There are thus seemingly two servants: one who more or less patiently, more or less roughly, sustains him, feeds him, washes him; and her invisible, less punctilious double who silently, mercifully, indicates her presence by smiling tenderly.

(Jamais je ne pourrai vous dire ce que j'ai entrevu, comme une phrase écrite sur une vitre et trop vite effacée.)

C'est la lumière qui trace ainsi, rapidement, vos rêves sur la vitre. Qui vous les révèle ou, au moins, vous les remémore. Qui extrait de vous le meilleur de vous, c'est-à-dire : le peu qui vous soit resté d'elle.

Lumière maternelle, à laquelle il n'est pas si facile d'obéir.

(Never will I be able to tell you what I glimpsed, like a sentence written on a pane of glass and erased too quickly.)

It is the light that draws your dreams so quickly on the pane in this way. That reveals them to you or, at least, reminds you of them. That extracts the best of you from you, that is: the little light that has remained in you.

A maternal light that it is not so easy to obey.

AUX LISERONS DES CHAMPS

TO FIELD BINDWEED

(Encore ?

Encore des fleurs, encore des pas et des phrases autour de fleurs, et qui plus est, toujours à peu près les mêmes pas, les mêmes phrases ?

Mais je n'y puis rien : parce que celles-ci étaient parmi les plus communes, les plus basses, poussant à ras de terre, leur secret me semblait plus indéchiffrable que les autres, plus précieux, plus nécessaire.

Je recommence, parce que ça a recommencé : l'émerveillement, l'étonnement, la perplexité ; la gratitude, aussi.)

(Again?

Flowers again? Stepping and phrasemaking again around flowers? Moreover, while still taking more or less the same footsteps and making the same phrases?

Yet I cannot help it: because bindweed flowers were among the most ordinary and the lowliest flowers, simply blooming along the ground, their secret seemed more indecipherable, precious, and necessary than that of other flowers.

So I will begin again because it has begun all over again: the wonder, the astonishment, the bewilderment; the gratitude as well.)

> « *Fleurs des talus sans rosée, pitoyables au voyageur, qui le saluez une à une, douces à son ombre, douces à cette tête sans pensée qu'il appuie en tremblant contre vos visages, signes, timide appel* [...], *vous tout autour de l'année comme une couronne de présences* [...], *l'épi du sainfoin rose, la scabieuse de laine, bleue comme le regard de mon ami perdu, la sauge, la sauge de novembre refleurie et la brunelle, vous que je nomme et vous que je ne sais plus nommer...* »

Le début de cette litanie de Roud à la gloire des fleurs m'est revenu souvent, ces derniers étés, quand je marchais sur des chemins plus poussiéreux que ceux du Jorat, mais au bord desquels il y avait aussi des sauges et, plus rarement, des scabieuses ; mais où c'étaient d'autres fleurs qui me touchaient, et d'une autre façon. J'aimais cette litanie, ce salut d'un marcheur infiniment plus solitaire que je ne l'ai jamais été à ces sortes de frêles compagnes qui avaient paru quelquefois, à lui aussi, murmurer quelque chose comme une consolation ou un conseil. Mais je n'aurais pas pu la reprendre ; en moi, les choses et les mots joignaient moins bien ; les notes ne pouvaient être tenues aussi longtemps ; le souffle était plus court, plus contrarié, combattu.

De surcroît, je ne pouvais plus m'imaginer, comme Roud, que ces fleurs, ou d'autres fois des oiseaux, eussent quelque chose à me dire comme le feraient des messagers ; je n'aurais pas su qui les eût chargées d'un message, pour moi ou pour n'importe qui.

Et pourtant, j'aurais été tenté de dire que s'exprimait en elles un langage involontaire, sans personne au-delà d'elles pour le leur souffler : comme un rappel, pour moi, d'un état antérieur, d'une sorte d'origine ; comme si elles avaient pu fleurir telles quelles dans le premier des jardins.

À moins qu'elles ne fussent comme ces exemples dont un maître d'école parsème son propos pour faire comprendre même aux enfants les plus obtus quelque chose de complexe, de caché, d'abstrait. (« Voyez les lys des champs, qui ne travaillent ni ne filent... » — mais mes fleurs à moi s'ouvraient pour une leçon tout autre.)

"One by one you greet the passing traveler who finds you so pitiful on your dewless embankments, and you soften his shadow, soften his thoughtless head that he tremblingly leans against your faces, the signs you give, your shy beckoning (. . .) you flowers that sprout all year round like a crown of presences (. . .) rose spikes of sainfoin, woolly scabious blue like my lost friend's gaze, and sage blooming again in November, and prunella—all of you whose names I know or no longer know . . ."

During the past few summers, the beginning of Gustave Roud's litany to the glory of flowers has often come back to mind whenever I have walked along paths which are dustier than those of Jorat region yet at the edges of which also grow sage and, more rarely, scabious; and where other flowers have moved me, yet in a different way. I liked this litany, this greeting—made by a walker infinitely more solitary than I have ever been—to these kinds of frail companions who had also at times seemingly whispered something like advice or consolation to him. But I would myself not have been able to take up his tribute; things and words fitted together less perfectly in me; I could not hold the notes as long; I was more short-winded, my breathing more constrained, embattled.

Moreover, unlike Roud, I could no longer imagine that such flowers—or birds, on other occasions—were messengers with something to tell me; I would not have known who had confided them with a message, for me or anyone else.

And yet, I would have been tempted to say that an involuntary language was expressed through flowers, without anyone standing beyond them in order to whisper it to them: a reminder, for me, of an anterior state, a sort of origin; as if the flowers had been able to blossom like that in the first garden of all gardens.

Unless they were like those examples that a schoolteacher sprinkles throughout his explanations so that even the most dull-witted children can grasp something complex, concealed, or abstract. ("Consider the lilies how they grow: they toil not, they spin not . . ."—but my own flowers blossomed for a wholly different kind of lesson.)

Ce qui s'ouvre à la lumière du ciel : ces fleurs, à ras de terre, comme de l'obscurité qui se dissiperait, ainsi que le jour se lève.

Les liserons des champs : autant de discrètes nouvelles de l'aube éparses à nos pieds.

Autant de bouches d'enfant disant « aube » à ras de terre.

Ou de modestes coupes à nos pieds, pour y boire quoi ?

Opening to the light of the sky: these blossoms along the ground, like darkness clearing as the sun rises.

Field bindweed: blossoms scattered at our feet like so many discreet bits of news from the dawn.

Like so many children's mouths saying "dawn" along the ground.

Or modest cups at our feet—but for drinking what beverage?

Liserons roses (ce sont sans doute ces « lys des champs, qui ne travaillent ni ne filent »), salués avant de ne plus le pouvoir, avant de dériver vers des eaux de plus en plus froides.

Avant que l'ombre de la mort ne passe sur eux comme un nuage froid.

Rose bindweed blossoms (indeed probably those "lilies that toil not, spin not"), which I greet before I will no longer be able to do so. Before I drift toward colder and colder waters.

Before the shadow of death passes over them like a cold cloud.

Choses sans nécessité, sans prix, sans pouvoir.

Fleurs que pourtant je n'avais jamais vues plus proches, plus réelles, peut-être à cause du nuage imminent de la fin, comme on voit la lumière s'intensifier quelquefois avant la nuit.

Fleurs proches, à en oublier la fin du parcours, quand le marcheur comprend enfin que, même si le chemin le conduit toujours chez lui, il le conduit aussi, inéluctablement, aussi loin que possible de toute maison.

Unnecessary, powerless, priceless things.

Blossoms which, however, I had never seen nearer or more real, perhaps because the end of life was looming like a cloud, even as you sometimes watch light becoming sharper before nightfall.

Blossoms so close that you forget the end of the itinerary, when the walker finally understands that, even if the path always leads him back home, it also inevitably leads him as far as possible from any home.

Toute fleur qui s'ouvre, on dirait qu'elle m'ouvre les yeux. Dans l'inattention. Sans qu'il y ait aucun acte de volonté d'un côté ni de l'autre.

Elle ouvre, en s'ouvrant, autre chose, beaucoup plus qu'elle-même. C'est pressentir cela qui vous surprend et vous donne de la joie.

Alors même qu'il vous arrive désormais, par instants, de trembler, comme quelqu'un qui a peur et qui croit, ou prétend ne pas savoir pourquoi.

Any flower opening into a blossom seems to open my own eyes. Without my knowing so. Without the slightest intentional act by either party.

By opening, the blossom opens something else that is much more than itself. When you sense this, it surprises you, gives you joy.

Even if now, at times, you happen to tremble like a person who is afraid and who believes, or pretends to believe, that he doesn't know why.

Liserons roses, ou l'une des plus pures paroles jamais entendues, en passant, dans une langue intraduisible (et pourtant ce ne sont pas du tout des paroles, ce ne sont les bouches de personne).

On aurait cru néanmoins des paroles entendues en passant, surprises en passant; et qui, en chercherait-on l'origine, se tairaient aussitôt.

Rose bindweed blossoms: some of the purest words ever heard in passing, in an untranslatable language—yet they are not words at all, and they are spoken by no one's mouth.

Nevertheless, you would have believed those words which you heard in passing, chanced upon while walking by; and which, if you sought their origin, would go silent just as soon.

Hölderlin, dans « Le Rhin », et pensant aux fleuves, a écrit que ce qui « *sourd pur* » est « *énigme* ». Il en va exactement ainsi de ces fleurs; leur lumière incompréhensible est l'une des plus vives que j'aie jamais vues.

Après tout, il se pourrait qu'on ne pût jamais en dire plus. Mais on l'emporte avec soi.

Si elle était moins une énigme, elle éclairerait moins.

In "The Rhine," Hölderlin thinks of rivers and writes that what "*surges forth purely*" is an "*enigma.*" The same is true of these bindweed blossoms; their incomprehensible light is one of the most vivid that I have ever seen.

After all, it could be that nothing else can ever be said. But you take this light with you.

If light were less an enigma, it would cast less light.

Pour Hölderlin, ce qui « *sourd pur* », c'est le Rhin à sa source; c'est l'origine, ce pourrait être aussi ce qui se lève à l'orient, l'aurore.

Claudel, à son tour, à propos d'une source : « *Ce qui est pur seul, l'original et l'immédiat jaillit.* »

À cette limite, qu'on ne franchira pas, sourd, ou éclôt le rêve des divinités.

Sources toujours à ras de terre, si proches, et les plus lointaines.

For Hölderlin, what "*surges forth purely*" is the Rhine at its source. This is the origin; it could also be what rises in the orient: the dawn.

In turn, Claudel in regard to another source: "*Only that which is pure, originary, immediate, bursts forth.*"

At this limit, which we will not cross, the dream of divinities surges forth, or blossoms.

Sources always at ground level, so near—yet also what is farthest away.

Chose donnée au passant qui pensait à tout autre chose ou ne pensait à rien, on dirait que ces fleurs, si insignifiantes soient-elles, le « déplacent » en quelque sorte, invisiblement; le font, imperceptiblement, changer d'espace. Non pas, toutefois, entrer dans l'irréel, non pas rêver; mais plutôt, si l'on veut, passer un seuil là où l'on ne voit ni porte, ni passage.

Something given to the passerby who was thinking of something else or nothing at all; as insignificant as they seem, these flowers "shift" him somehow, invisibly; make him move from one space into another, imperceptibly. Not, however, ushering him into the unreal, or a dream; but rather, as it were, enabling him to cross a threshold at a place where no door or passage can be seen.

Et s'il y avait un « intérieur » des fleurs par quoi ce qui nous est le plus intérieur les rejoindrait, les épouserait ?

Elles vous échappent; ainsi, elles vous font échapper : ces milliers de clefs des champs.

Pourrait-on en venir à dire que, si l'on voit, dès lors que l'on voit, on voit plus loin, plus loin que le visible (malgré tout) ?
Ainsi, par les brèches frêles des fleurs.

And what if there were an "innerness" of flowers through which what is innermost in us would join them, be wed to them?

They escape you; and by doing so, they enable you to escape: as if the blossoms were a thousand keys lying in a field.

Could we go so far as to say that, if you look, as soon as you look, you see farther, farther than the visible (despite everything)?
Like this: through the frail slits of flowers.

Comme si un homme très voûté lisait un livre à même le sol.

Sa dernière lecture.

As if a man with a great stoop were bent all the way down to the ground to read a book.

The last pages he would read.

ROSSIGNOL

NIGHTINGALE

Oiseau toujours caché,
voix qui toujours nous ignore
comme elle ignore la plainte,
voix sans mélancolie.

Voix unie à la nuit,
voix liée à la lune
comme à sa cible candide
ou au bol qui la désaltère.

*(Comme on l'aura poursuivie,
celle qui ne fuit que la nuit !)*

Tendre fusée qui s'élève
en tournant dans l'obscur,
de toutes les eaux la plus vive,
fontaine dans les feuillages.

*(Comme on l'aura regardée,
celle que ne vêt que la nuit !)*

Ruisseau caché dans la nuit.

This ever-hidden bird
whose unlamenting voice
ever soars past, oblivious—
an unmelancholy voice.

A voice united to the night,
a voice linked to the moon
as if to a bright white target
or to the bowl quenching its thirst.

(Oh how you will have sought
the one who flees only at night!)

A tender rocket rising,
spiraling in the darkness,
the quickest of all waters,
a fountain in the foliage.

(Oh how you will have watched
the one who wears only the night!)

A stream hidden in the night.

NUAGES

CLOUDS

Thoreau écrit quelque part, dans *Walden* : « Vie et mort, ce que nous exigeons, c'est la réalité. Si nous sommes réellement mourants, écoutons le râle de notre gorge et sentons le froid aux extrémités ; si nous sommes en vie, vaquons à notre affaire ».

Voilà une sagesse à laquelle j'adhère presque[1] sans réserves. Mais quelle est « notre affaire » ? La suite le dit très bien, par métaphores : « Le temps n'est que le ruisseau dans lequel je vais pêchant. J'y bois ; mais tout en buvant j'en vois le fond de sable et découvre le peu de profondeur. Son faible courant passe, mais l'éternité demeure. Je voudrais boire plus profond ; pêcher dans le ciel, dont le fond est caillouté d'étoiles. Je ne sais pas compter jusqu'à un. Je ne sais pas la première lettre de l'alphabet. [...] Mon instinct me dit que ma tête est un organe pour creuser [...] et avec elle je voudrais miner et creuser ma route à travers ces collines. Je crois que le filon le plus riche se trouve quelque part près d'ici : c'est grâce à la baguette divinatoire et aux filets de vapeur qui s'élèvent que j'en juge ainsi ; et c'est ici que je commencerai à creuser ».

Je crois n'avoir pas fait autre chose que creuser ainsi, tout près de moi ; refusant au souci de la mort de me faire lâcher mon outil.

---

[1] Pourquoi ce « presque », ce mot prudent devenu chez moi d'un usage presque (encore !) machinal ? Ma réserve tiendrait à ceci, que l'affirmation pourrait être trop belle, la proclamation trop assurée ; et cela, justement, par rapport à la « réalité » de l'expérience vécue. Qui sait si nous serons à la hauteur de ce vœu ? Le vœu, toutefois, je l'ai fait mien.

Thoreau writes somewhere in *Walden*: "Be it life or death, we crave only reality. If we are really dying, let us hear the rattle in our throats and feel cold in the extremities; if we are alive, let us go about our business."

Now this is wisdom to which I almost[1] fully subscribe. Yet what is "our business"? What follows in *Walden* says it very well, through metaphors: "Time is but the stream I go a-fishing in. I drink at it; but while I drink I see the sandy bottom and detect how shallow it is. Its thin current slides away, but eternity remains. I would drink deeper; fish in the sky, whose bottom is pebbly with stars. I cannot count one. I know not the first letter of the alphabet. (...) My instinct tells me that my head is an organ for burrowing... and with it I would mine and burrow my way through these hills. I think that the richest vein is somewhere hereabouts; so by the divining rod and thin rising vapors I judge; and here I will begin to mine."

I think I have done nothing but burrow like that in my own hereabouts, refusing to let worry about death make me drop my writing tool.

---

1 Why this "almost," this cautious word that I have almost (again!) begun to use automatically in my writing? My hesitation stems from this: that Thoreau's assertion might be too smooth, his proclamation too self-confident; and this especially holds true in regard to the "reality" of what is experienced. Who knows if we will be up to the challenge of this wish? In any event, I have made it mine.

Et ce dernier été, peut-être parce que je sais que, dans la meilleure hypothèse, je n'en ai plus tant que cela devant moi, et que le risque de voir ce mot « dernier » prendre son sens absolu s'aggrave chaque jour selon une progression accélérée, certaines choses de ce monde qui aura été le mien, le nôtre, pendant presque toute notre vie, m'ont étonné plus qu'elles ne l'avaient jamais fait encore, ont pris plus de relief, d'intensité, de présence ; plus de, comment dire ? plus de chaleur aussi, étrangement, comme on n'en reçoit généralement que des êtres proches ; bien que je sache, dans le même temps, que cela ne peut en aucune manière être pris au pied de la lettre, comme si je m'étais mis à croire à une amitié, à des sentiments des choses pour l'homme, qui les rendraient capables de nous « parler » vraiment, à leur façon. Il doit s'agir d'une autre espèce de relation. N'empêche : j'ai peine à croire que la chaleur ne fût qu'en moi, se reflétant sur elles. Ce doit être plus compliqué.

And this last summer, perhaps because I know that I do not have, at best, many more of them ahead of me and that the risk of seeing the word "last" take on its full meaning increases every day, some things of this world that have been mine, ours, during most of our lives, have amazed me more than they have ever done before; have taken on more depth, intensity, presence; more . . . —how to put it?—more *warmth*, strangely enough, like the warmth that is usually given to us only by our loved ones; although at the same time I know that "warmth" should by no means be taken literally, as if I had begun to believe that things could share a friendship with, or harbor sentiments for, human beings and that this would truly enable them to "speak" to us in their own ways. Another kind of relationship must be at stake. Little matter: I find it hard to believe that the warmth was merely inside me, then reflected out toward things. It must be more complicated than that.

Ainsi redécouvre-t-on, quelquefois, l'étrangeté des nuages. À la fin d'une journée qui a été très chaude, alors que le soleil est encore haut dans le ciel, celui-ci s'assombrit rapidement à l'ouest, en même temps que se lève avec soudaineté un vent violent ; en un pareil moment, on voudrait avoir pu discerner le lieu exact où il a commencé à souffler, sa source — comme d'une rivière. Changement d'ailleurs bienvenu, qui aidera les coupeurs de lavande à achever leur travail. Du coup s'anime le spectacle du ciel. Au-dessous du zénith resté d'un bleu pur, les plus hauts nuages, probablement des cirrus, sont d'immobiles lanières blanches ; au-dessous et au-devant desquelles passent, venues du nord, de lourdes masses grises ou ocre, épaisses, dont les formes, quand elles se détachent de la couche la plus basse, la plus stable aussi, changent rapidement, s'effilochent, s'éclaircissent. Combien pèse un nuage ? La charge de ceux-ci est, du moins peut-on l'espérer, sans poison, sans germes de mort ; au contraire peut-être : fertile.

Ils avancent donc très vite, mais avec une espèce de majesté, d'ailleurs rapidement entamée. On ne sait trop à quoi les comparer pour rendre compte de l'émotion qu'ils vous donnent, vaguement enthousiaste ; comme on en éprouve, serait-ce à son corps défendant, devant n'importe quel cortège. Peut-être à des montagnes légères, instables, déracinées, désamarrées ; ou à des troupeaux dociles aux cris du vent, se bousculant, fuyant on ne sait quoi.

À moins qu'il ne faille voir en eux, plutôt, des inventions du vent, variées, souples, mobiles, une des façons qu'il a trouvées, invisible, de se montrer, à partir de l'humide que la terre exhale.

(Au moment où j'écrivais mes premières notes à leur sujet, j'en voyais d'autres à l'angle supérieur droit d'une reproduction du *Renaud et Armide* de Poussin que j'avais admiré deux mois auparavant au Musée Pouchkine, pareils à une fumée d'incendie — qu'ils étaient peut-être d'ailleurs — et associés aux chevaux d'un char de combat ; non sans raison, pour leur course, leurs croupes, leurs crinières. Cette rencontre fortuite avait de quoi fortifier encore l'espèce inattendue d'enthousiasme qui m'avait envahi avec le lever du vent.)

This is how you sometimes rediscover the strangeness of clouds. At the end of a scorching hot day when the sun is still high, the sky quickly darkens in the west and a violent wind suddenly rises; at such a moment, you would like to be able to locate the exact spot where the wind began to blow—its source, like that of a river. Moreover, this change is welcome, and it will help the lavender harvesters to finish their work. All at once the spectacle begins. Below the zenith, which has remained pure blue, the highest clouds—probably cirrus—are like motionless white straps; below and passing in front of them, thick, heavy masses of gray or ocher clouds blow in from the north, and their shapes, as they break off from the lowest and most stable cloud layer, quickly change, fraying out and becoming clearer. How much do clouds weigh? They bear—or at least so you hope—no poison or deathly germs; on the contrary, perhaps something fertile.

The clouds thus move along very fast, but also with a kind of majesty which, however, quickly diminishes. You do not really know what to compare them to in order to do justice to the vague enthusiasm that they arouse, an emotion similar to the one that you experience, even unwillingly, while watching any kind of procession. Perhaps they can be likened to light, unstable, uprooted, unmoored mountains; or to docile herds which, when the wind howls, jostle each other while fleeing from who knows what.

Unless clouds should instead be viewed as various malleable and moveable inventions made by the invisible wind—one of the ways that it has found to show itself, by using the moisture exhaled by the earth.

(As I was jotting down my first notes about this topic, I was also looking at other clouds in the upper right-hand corner of a reproduction of Poussin's "Renaud and Armide," a painting that I had admired two months earlier at the Pushkin Museum. Those clouds resemble billowing smoke from a fire—which they perhaps were, in fact—and are somewhat logically juxtaposed with the horses of a war chariot because of the horses' speed, croups, and manes. This chance encounter sufficed to strengthen the unexpected kind of enthusiasm that overcame me when the wind rose.)

Je n'oublie pas tout de même que c'étaient des choses plus ou moins grises, plus ou moins sombres, et qui cachent le soleil ; des choses qu'on serait tenté plutôt, certains jours, de comparer, déchirées comme elles le sont, à des loques, à des haillons mouillés ; et que la pensée ne les associe pas, naturellement, au bonheur. Il y avait simplement, ce jour-là — et il en était allé ainsi durant tout l'été, pour moi —, que leur apparition inattendue, véhémente, sauvage, m'avait exalté par sa seule intensité, son relief, sa force de réalité, avant toute autre chose. Curieusement, ces rencontres coïncidaient avec ce que je lisais, précisément, sur la réalité, dans le livre de Thoreau que, malgré sa célébrité, je n'avais encore jamais ouvert. Pourquoi, je n'en sais rien ; mais tout prenait plus de relief, comme quand on sort d'une opération de la vue, tout se rapprochait ; c'était pareil à un assaut, mais sans rien d'effrayant, ni d'agressif ; pour me conquérir, pour me convaincre que j'étais bien au monde et que le monde était bien autour de moi ; que rien de cela n'était du rêve ou de l'inconsistant ; même, justement, ces nuages qui changeaient si rapidement, imprévisiblement, de forme, qui allaient tôt ou tard se muer en pluie ou se résorber comme s'ils n'avaient jamais été ; même le vent invisible qui se calmerait bien tôt ou tard, lui aussi. « Vie ou mort, ce que nous exigeons, c'est la réalité ».

Mais que signifie, ici, « réalité » ? Rien de plus que : ce qui ne peut pas ne pas paraître tel, dans la limite de mes sens et de ma pensée, de mon corps, du monde qui est le mien, parce que le froid qui nous fait frissonner tout à coup, la chaleur qui nous a fait d'abord transpirer au moindre effort, l'ombre qui éteint les formes, le temps qui vous use lentement, rien ne permet de le mettre en doute. Voilà où nous sommes, voilà ce qui nous cerne, nous flatte ou nous blesse, nous exalte ou nous accable, ce qui a plus ou moins de poids, d'éclat, de mouvement, voilà ce à quoi nous avons affaire le temps de notre vie, et qui est inépuisable, et dans quoi nous aussi sommes réels et non des fantômes : car les fantômes ne souffrent ni ne jouissent, on ne peut en tirer du sang, ni des larmes.[2] (Il se pourrait donc que jamais je ne me fusse senti aussi réel dans un monde lui-même aussi réel que dans cette période-là — alors qu'il me faudrait bien quitter l'espace et le temps.)

---

[2] Il est vrai qu'on peut faire passer l'ombre, les nuages du doute même sur ces certitudes-là, imaginer que nous imaginons même le fait de vivre et de mourir, craindre de nous tromper du tout au tout sur tout. Il me faudrait plus d'intelligence que je n'en ai pour risquer le moindre pas dans cette direction. Je m'en tiens à mes limites ; elles sont plus fécondes que ce qui les excède.

All the same, I am not forgetting that the clouds were things that were more or less gray, more or less dark, and that hid the sun; torn things which, on some days, you would instead be tempted to compare to tatters or wet rags; and which our thoughts do not naturally associate with happiness. That day, it was simply—and this vanished for the rest of the summer for me—that their unexpected, vehement, and wild appearance exalted me, before anything else did, by its very intensity, its depth, and the forcible presence of its reality. Oddly, this encounter coincided with what I was precisely reading about reality in Thoreau's book which, despite its fame, I had never opened. Why? I do not know. Yet everything took on more depth, as when you come out of an eye operation: everything came closer; it was similar to an assault, yet with nothing frightening or aggressive about it, and was aimed at conquering me, at convincing me that I was indeed in the world and that the world was indeed around me; that nothing of all this was dreamy or insubstantial; even these specific clouds which were changing shape so quickly and unforeseeably, and which were sooner or later going to turn into rain or break up and disappear as if they had never existed; even the invisible wind which would calm down sooner or later as well. "Be it life or death, we crave only reality."

But what does "reality" mean here? Nothing more than what cannot fail to appear as such—given the limits of my senses and my mind, of my body, of the world that is mine—because nothing allows us to call into question the cold that makes us suddenly shiver, the heat that first made us sweat upon our slightest efforts, the shadows that blur shapes, or Time that slowly wears us down. This is where we are, this is what encircles us, what flatters or wounds us, exalts or overwhelms us, what has such or such a weight, sparkle, or movement; this is "our business" during our lifetime, what is inexhaustible, and in which we are also real and not ghosts: for ghosts neither suffer nor enjoy pleasure, and no blood or tears can be drawn from them.[2] (It could thus well be that I had never felt so real in a world that was itself so real as in those moments—whereas I will have to leave space and time.)

---

[2] It is true that a shadow, even clouds, of doubt can be placed on these certitudes, for we can imagine that we are imagining even the fact of living and dying, and fear that we are completely deceived about everything. I would need more intelligence than I have to venture in that direction. I stick to my limits; they are more fertile than what surpasses them.

CE PEU DE BRUITS
(*extraits*)

from
THESE SLIGHT NOISES

Notes du ravin

Notes from the Ravine

À cinq heures et demie du soir, le jour dure. On voit au-dessus du mont Ventoux la couronne de pétales de rose de ceux que l'Égypte nommait « les justifiés d'Osiris », si belle dans les cheveux ou entre les doigts des morts dans les portraits du Fayoum. On comprend que c'est cette couleur rose, quelquefois aussi posée sur une robe, une étoffe légère, qui, de ces portraits, sans parler des regards, vous émeut le plus. Cette touche de rose ; cet épi rose dans la main des jeunes morts.

Le soir d'hiver dépose ces couronnes dans les arbres ou sur les nuages. Avant l'embarquement pour la nuit. Ce qu'il y aurait de meilleur à emporter là-bas, de toute une vie ?

*

Paraît la Lance, sous la première neige de l'année : quelques coulées de neige très blanche, dans des ravins, le sommet pris dans la grisaille des nuages, et une poussière de neige, plus bas, dans les forêts. La sensation d'un froid sans âpreté.
Du gris-vert, du gris-jaune, du blanc.
Une neige à peine neige, éparpillée sur ce mur au fond du paysage, une invite à monter marcher là-bas, comme vers une lointaine enfance. À monter se rafraîchir dans les plis de ces ravins. À se frotter les joues de ces tresses fraîches.
Sur tout ce fond, une drôle de couleur, jaune pâle, comme émanée d'une lampe faible allumée en plein jour.
Une lampe invisible à la lumière plutôt faible, un faible jaune colore ces lieux qu'avive un éparpillement, un poudroiement, un saupoudrage léger de neige.

D'avoir marché sous ces arbres, on aurait ses manches trempées ; mais nullement de ces larmes des poètes d'Extrême-Orient qui pleurent une absence ou une trahison.

*

At five thirty in the evening, it's still light outside. Above Mount Ventoux can be seen the crown of rose petals worn by those who were "justified before Osiris" in ancient Egypt—those crowns that are so beautiful on the hair or between the fingers of the dead in Fayum portraits. You understand that, with the exception of the eyes, it is this rose hue, also sometimes visible on a dress or a piece of light cloth in the same portraits, which most moves you. This touch of rose; this ear of wheat in the hands of those who have died young.

Winter evenings set down those crowns in the trees or on the clouds. Before the embarkation for the night. Would they be what is best, of an entire lifetime, to take with you down there?

*

The Lance appears, covered with the year's first snowfall: a few bright white snow slides in the high ravines, the summit cached among the grayish clouds, and powdery snow further down, in the forests. A sensation of cold, yet not of harshness.

Grayish-green, grayish-yellow, white.

Snow that is hardly snow, scattered down across this wall at the end of the landscape; an invitation to climb and hike up there, as if toward a remote childhood. To climb and refresh yourself in the folds of those high ravines. To rub your cheeks on those cool braids.

Across this entire backdrop, a strange pale yellowish sheen as if cast from a dim lamp left on in full daylight.

An invisible lamp casting this rather dim light, a dim yellow that tinges slopes aroused by a scattering, a powdering, a light sprinkling of snow.

If you walked beneath those trees, your sleeves would get wet; but not at all with those tears of Far Eastern poets who weep over an absence or a betrayal.

*

La montagne enneigée rosie par le soleil couchant : un feu qui serait en bas de cendre grise et incandescent à la cime : flamme devenue candide à la rencontre du ciel.
Cela ressemble aussi à la lumière de la lune.
Montagne légère qui se change imperceptiblement en ange, ou en cygne.

Cela même, la lampe même qu'il ne faudrait jamais laisser s'éteindre, en arrière de soi. « Lumière perpétuelle » pour le repos des morts, au moins en nous.

*

Un peu avant huit heures, la couleur orange, enflammée juste au-dessus de l'horizon, du ciel qui s'éclaircit et où, plus haut, luit le mince éperon de la lune. Il ne fait pas très froid.
Cela aide le corps à se démêler du sommeil, et l'esprit à se déplier.

*

Les maîtres japonais du haïku, qui saisissent au passage une lumière dans l'impermanence et qui donnent au plus frêle le plus de prix et de pouvoir, ne sont pas des mystiques ; on ne songerait pas à dire d'eux qu'ils « brûlent », ni même qu'ils gravissent des cimes. Ils me rappellent plutôt ces domestiques, dans *L'Homme de la scierie* de Dhôtel, qui, en nettoyant l'argenterie ou les verres de leurs maîtres, y voient soudain se refléter l'éclat pur d'un jardin.

*

The snow-draped mountain tinged rose by the setting sun: like a fire ash-gray at the bottom and glowing white at the summit: a candid flame as it meets the sky.

It also looks like moonlight.

A lightweight mountain imperceptibly changing itself into an angel or a swan.

The very thing, the very lamp that we should never let burn down and out, behind us. "Everlasting light" for the sleep of the dead, at least in ourselves.

*

A little before eight o'clock, an orange color blazing just above the horizon and lighting up the sky while, higher up, the thin spur of the moon is gleaming. It is not very cold.

This helps the body get untangled from sleep, and the mind to unfold.

*

Japanese haiku masters, who grasp in passing a shimmer in its impermanence and consider the frailest things to have the greatest value and the most power, are not mystics. You could not imagine calling them "ardent", or even that they climbed mountain peaks. They remind me more of those servants, in André Dhôtel's *The Man of the Lumber Mill*, who suddenly see the pure gleam of a garden reflected in the silverware or crystal glasses that they are cleaning.

*

Feu qu'on allume au-dessous du miroir froid du ciel : comme cette buée qui assure qu'on est encore vivant.

*

Ce paysage de montagne où, du milieu d'une crête sombre, s'élevait un pic aussi lumineux que s'il eût été une pointe de lance taillée dans le diamant : lumière surnaturelle comme on n'en voit qu'en rêve ; et c'en était un.

*

En passant devant l'une des dernières fermes restées des fermes, ici tout près : le petit verger à l'abandon, les murs délabrés en bordure du chemin, le grand noyer au-dessus de la Chalerne — pourquoi tout cela me semble-t-il si « vrai », c'est-à-dire ni aménagé, ni orné, ni truqué ? Ces pierres usées, tachées, prêtes à retourner au sol d'où on les a extraites, ces très vieux arbres cassants, hirsutes, qui ne produiront plus que des fruits acerbes — et l'eau, sans jamais aucun âge.

The fire that you start below the cold mirror of the sky: like this mist that you exhale and that confirms that you are still alive.

*

This mountain landscape in which, in the middle of a dark ridge, a peak rises as bright as a spear point cut out of a diamond: a supernatural light like those you see only in dreams; and it was a dream.

*

While passing in front of one of the last remaining farms, very near here: the small abandoned orchard, the collapsed walls along the path, the great walnut tree above the Chalerne—why does all this seem so "genuine," that is neither arranged, nor embellished, nor rigged? These worn spotted stones, ready to return to the soil from which they had been dug, and these shaggy, brittle, age-old trees now able to produce only acidic fruit—and the water, ever ageless.

*Jour de janvier, ouvre un peu plus grands les yeux,
fais durer ton regard encore un peu
et que le rose colore tes joues
ainsi qu'à l'amoureuse.*

*Ouvre ta porte un peu plus grande, jour,
afin que nous puissions au moins rêver que nous passons.*

Jour, prends pitié.

Open your eyes a little wider, January day,
keep gazing a little longer,
and may the rose blush your cheeks
as well as those of the woman in love.

Open your door a little more, daylight,
so that we can at least dream that we slip through.

Daylight, have pity.

Une buse monte en lentes spirales dans la lumière dure de l'avant-printemps. On taille le grenadier, dont les épines acérées vous éraflent les mains. Contre toutes les espèces d'absurdités qui, elles, vous feraient vous effondrer sur place.

*

« Rien n'est prêt . . . » : mots sauvés d'un vague sommeil, mais dont je sais qu'ils voulaient dire qu'on n'avait pas pensé à préparer ses bagages, qu'on continuait à avancer sans regarder devant soi, qu'on se payait de mots — comme ceux-ci.

Mais avec ça, quoi préparer ? Ou bien on va commencer à rôder, à trébucher dans l'irréel avec, de loin en loin, le secours d'incertains repères sauvés par la mémoire, et ce ne sera plus de toute façon qu'une histoire d'ombre entre des ombres ; ou bien, si l'on voit assez clair . . .

Je me suis interrompu sur ces mots, comme le cheval qui bronche devant l'obstacle, et recule. Puis, à tâtons, en plein désarroi, j'ai pensé de nouveau que, probablement, la plus haute musique, la plus fervente prière, arrivés là, dans la lumière glacée de la condamnation sans appel, nous rejoindraient moins sûrement que le mouvement presque silencieux du cœur, de ce qu'on appelle le cœur ; que ce serait la meilleure, humble et presque invisible, la presque seule obole ; même si elle ne nous ferait plus passer nulle part, puisque là cesserait toute direction.

*

Daumal : « *. . . la poésie blanche va à contre-pente, elle remonte le courant, comme la truite, pour aller engendrer à la source vive . . .* »

*

A buzzard slowly spirals upwards in the harsh pre-spring light. You prune the pomegranate tree, its thorns scratching your hands. In order to counter all kinds of absurdities that would make you collapse on the spot.

*

"Nothing is ready...": words left over after I had dozed off for a while, yet which meant that we had forgotten to prepare our luggage, that we were still moving forward without looking ahead, that we were babbling on—as here.

But in regard to this, what can be prepared? Either we are going to start roaming and stumbling around the unreal, now and then helped out by unsure bearings preserved in memory, it all ending up as a mere tale of a shade among shades; or, if we are clear-sighted enough...

I interrupted myself with these words, like a horse flinching at the barrier and drawing back. Then, groping and utterly distraught, I again thought that the most spiritual music, the most fervent prayer, once we had reached such a spot in the icy light of the irrevocable condemnation, would be less likely to join us than the near-silent movements of the heart, of what we call the heart; that this would be the best obol, that is a humble, almost invisible one; in fact, nearly the only possible obol; even if it enabled us to pay no passage anywhere, for at that point all directions would have ended.

*

Daumal: "... *a sparse, pure poetry that goes up the slope, swims upstream like trout, to give birth at the vital gushing source...*"

*

En longeant la Chalerne : de petites cascades sous les arbres, dans les rochers ; un peu partout des violettes, des envols d'oiseaux ; et, au soleil de mars, une tendre chaleur.

Plus loin, l'eau brille presque sans couler, parce que la pente est devenue faible ; et les premières feuilles commencent à trembler au-dessus du ruisseau. L'eau tranquille brille par endroits : étincelles humides et fraîches, petites croix scintillantes qui, plus nombreuses, éblouiraient.

While walking along the Chalerne: tiny rapids surging down beneath the trees, among the boulders; violets visible nearly everywhere, birds flying up and off, and gentle warmth from the March sunshine.

Further on, the water is shimmering almost colorless because of the slighter slope; and the first leaves are starting to tremble above the stream. The calm water gleams here and there: wet fresh sparks, tiny sparkling crosses which, were there more of them, would dazzle you.

Vieillard au corps amaigri, à l'esprit troublé par la maladie et le chagrin, esquissant, rarement, une ombre de sourire, retrouvant des ombres de souvenirs, ombre lui-même, assis chez lui le dos tourné à la porte ouverte, au monde, à la lumière du printemps ; à la dernière neige de l'année.

À côté de lui, son compagnon de toute une vie, son cadet, jeté bas par le cancer, assommé : un accidenté en pleine rue ou au bord d'une route ; un boxeur « sonné », frappé à la tempe, qui noircit.

Toute la misère humaine, quand on la touche du doigt, c'est comme une bête qui inspire une répulsion qu'il faut que le cœur endure et surmonte, s'il le peut.

*

Guerre : longues files de fuyards sous la neige ; vieillards incapables de marcher traînés à même le sol sur de grands sacs en plastique par des parents à peine moins vieux et moins harassés, femmes qui tremblent de froid.
Familles terrées dans des caves, des égouts. Même plus de larmes pour leurs yeux desséchés.

*

Hommes perdus.

L'un est dans sa maison et ne sait plus qu'il y est, la confond avec une autre où il a peut-être vécu autrefois, peut-être pas, ne va plus qu'à tâtons entre les choses présentes, si peu présentes, et celles qui n'existent plus que dans sa tête fatiguée.

L'autre n'a plus qu'un rêve : revenir chez lui, retrouver sa maison ; mais, la retrouverait-il que ce ne serait plus, quoi qu'il en ait, sa maison ; irrémédiablement.

An old man with his emaciated body, his mind troubled by illness and sorrow, his mouth rarely forming even the shadow of a smile, stumbling upon shadowy memories, a shadow of a man himself, sitting at home with his back to the open door, to the world, to the spring light; to the year's last snow.

Next to him, his lifelong companion, who is younger than he is, flung down by cancer, knocked senseless: like the victim of an accident in the middle of the street or alongside a road; a boxer battered silly, his temple beaten black.

When you touch human misery in its totality, it is like a creature inducing an aversion that the heart must bear and overcome—if it can.

*

War: long lines of fleeing refugees in a snowfall; old men unable to walk, dragged along the ground on big plastic sacks by their relatives who are hardly less old and less exhausted; women shivering from the cold.
Families cowering in cellars, sewers. Not even any tears left for their dried up eyes.

*

Men gone astray.

One is in his house and no longer knows where he is, confusing it with another house in which he perhaps once lived, or not, and he can only grope among the objects present, which are so little present, and those that exist only in his weary mind.

The other one has only one dream left: to go back home, to find his home; but should he find it, it would no longer be his, anyway; irremediably.

Parce qu'il est sur le chemin qui éloigne de toutes les maisons.

*

La pluie froide comme du fer.

*

La dernière sonate pour piano de Schubert m'étant revenue hier soir, par surprise, une fois de plus, je me suis dit simplement : « Voilà. » Voilà ce qui tient inexplicablement debout, contre les pires tempêtes, contre l'aspiration du vide ; voilà ce qui mérite, définitivement, d'être aimé : la tendre colonne de feu qui vous conduit, même dans le désert qui semble n'avoir ni limites, ni fin.

Because he is on the path that leads away from all homes.

*

The rain cold like iron.

*

Yesterday evening, after Schubert's final piano sonata had surprisingly come to mind once again, I simply said to myself: "That's it." It's what inexplicably remains steadfast against the worst storms, against a longing for emptiness; what definitely deserves to be loved: the tender pillar of fire guiding you even in the desert that seemingly has neither limits, nor an end.

Fragments nocturnes :

« *Ici, maintenant* :

*usé, voûté, noué,
le corps noué, le cœur sourd* —

l'agneau de Dieu, lustral comme est la lune . . . »

*

« *Le peigne qui striait la chevelure dénouée
comme les cailloux l'eau des torrents* —

*le même que je reprendrai,
si jamais l'aube revient,
pour tisser encore des mots* . . . »

Nocturnal fragments:

"*Here, now:*

worn out, knotted up, with a stoop,
the knotted up body, the deaf heart—

the lamb of God, lustral like the moon . . ."

*

"*The comb that striated the unknotted hair*
like pebbles the water of mountain streams—

if ever the dawn returns,
this same comb I will take up again
to go on weaving words . . ."

À cinq heures et demie du matin, sorti dans la brume d'avant le jour, j'entends le rossignol, le *ruy-señor* espagnol, l'oiseau dont le chant est un ruisseau.

C'est comme si, après quelques pas hésitants, la voix montait en douce vrille d'eau dans l'ouïe et dans le ciel.

*

Nous suivons le chemin qui longe la colline en face de la maison où aucun de nos deux amis ne reviendra plus : il y a des iris jaunes dans le ruisseau trop encaissé pour être visible, quelques orchis, la voix des premiers rossignols, plus invisibles encore que les eaux ; une petite pluie soudaine qui nous oblige à hâter le pas. Toutes les choses fraîches de la vie dont ils avaient perdu le goût depuis trop longtemps. L'air aux mille portes ouvertes.

*

Après avoir rendu visite à notre ami mourant, je vois en rêve une femme vêtue de noir occupée à distribuer des cuillers d'argent qui signifient l'annonce de la mort d'un enfant ; au don de la deuxième, l'inquiétude nous prend pour le seul de nos amis proches, ici, qui en ait. Alors, nous essayons de cacher la cuiller, ou d'empêcher que quelqu'un la prenne ; comme au jeu de l'Homme noir.

*

Les yeux du mourant, jaunis, opaques, ne regardant probablement plus rien d'extérieur — et on ne saura jamais quoi au-dedans —, un instant sont redevenus extraordinairement bleus ; c'est-à-dire, peut-être pour la dernière fois, vivants. Comme un ciel qui se serait rouvert à la demande d'un oiseau. Un trop court instant.

As I step outside into the pre-dawn mist at five-thirty in the morning, I hear the nightingale, the Spanish *ruy-señor*, the bird whose song is a stream.

It is as if this sound, after a few hesitant attempts, softly spiraled upwards into the ears and the sky.

*

We follow the path along the hill opposite the house where neither of our two friends will ever return: yellow irises have sprouted alongside the stream that is itself too hemmed in below to be seen; there are also a few orchises and the sound of the first nightingales, even more invisible than the water; a sudden drizzle forces us to quicken our pace. All the fresh things of life, the taste of which our friends had lost for so long. The air with its thousand open doors.

*

After paying a visit to our dying friend, I dream of a black-clad woman who is busy handing out silver spoons announcing the death of a child; when the second spoon is given, we start worrying about the only one of our close friends here who has children. Then, we try to hide the spoon or prevent someone from taking it; as with the "dark man" card in the game of *L'Homme noir*.

*

The dying man's opaque, jaundiced eyes that were probably no longer looking at anything outside—and we will never know at what, inside—once again became extraordinarily blue, but only for a moment; that is, perhaps for the last time they were alive. Like a sky that had opened itself up again at a bird's beckoning. A too brief moment.

Je me suis rappelé, plus tard, à peine plus tard, une phrase de Ramuz dans Aline qui m'est toujours restée en mémoire parce qu'elle est la dernière d'un chapitre lu, admirablement, par Ramuz lui-même : « *Ses yeux étaient redevenus clairs comme les lacs de la montagne quand le soleil se lève.* » Mais, pour Aline, c'est simplement qu'elle était passée de la tristesse à la joie, pour avoir revu soudain son amoureux. Dans cette chambre d'hôpital, on était aussi loin que possible de toute espèce d'aube.

*

En ce jour de deuil, Angelus Silesius, traduit par Roger Munier :

« *L'éternité nous est si native et profonde
Qu'il nous faut bien, de gré ou non, être éternels . . .* »

(Cependant, je vois aussi le survivant, assis sur une chaise de paille, sous l'amer et éclatant soleil, devant le trou creusé de frais, extraordinairement seul. Alors que nous avons encore sur nous l'ombre des cyprès et, pour les plus heureux, celle de l'amour.)

*

Le mal, chez cette autre vieille amie, s'est logé dans le cerveau ; elle ne peut plus parler. En rêve, je la rencontre dans une forêt où elle s'est réfugiée loin des gens, un voile sur le visage. Nous partageons un plat de quelque chose qui ressemble vaguement à des moules et dont je recueille précautionneusement la chair, à l'aide d'une cuiller, dans leurs coquilles.

La même nuit, un violent orage a nettoyé le ciel, de sorte que la lune, au milieu de son cours, et Vénus y brillent d'un éclat plus aigu.

*

Later, just a little later, I recalled a sentence in Ramuz's *Aline*, a sentence that I have never forgotten because it concludes a chapter once admirably read aloud by Ramuz himself: "*Her eyes became clear once again, like mountain lakes when the sun rises.*" However, for Aline, this simply means that she moves from sadness to joy after suddenly seeing her lover. In the hospital room, we were as remote as possible from any kind of dawn.

*

On this day of mourning, Angelus Silesius:

> "*Eternity is so deeply engrained in us
> that, willfully or not, we have to be eternal . . .*"

(However, I also see the survivor sitting on his straw-bottom chair in the bright bitter sunlight, in front of the freshly dug hole. He is extraordinarily alone. While we remain standing in the shade of cypress trees and, for the luckiest among us, in that of love.)

*

As for another old friend, her brain is afflicted; she can no longer speak. In a dream, I meet up with her in a forest where she has taken refuge far from people, a veil over her face. We share a dish of something that vaguely resembles clams, whose flesh I carefully spoon out of the shells.

That same night, a violent storm clears the sky so that Venus and the moon in mid-course shine with a sharper glare.

*

Missa pro defunctis de Lassus. Je retrouve dans le texte du livret ce passage de l'ancienne liturgie qui m'avait ému lors d'un service funèbre dans la chapelle de Grignan : *Chorus Angelorum te suscipiat, et cum Lazaro quondam paupere aeternam habeas requiem*. Ce n'est pas le Lazare que le Christ a ressuscité ; rien qu'un pauvre couvert d'ulcères, mieux accueilli au Ciel que le riche sur le seuil duquel il mendiait.

Nous savons encore, et même de mieux en mieux, ce que c'est que ce Lazare ; mais le chœur des anges qu'il était si beau d'imaginer le recevoir et lui accorder le repos à jamais ?

Avec cela, c'est comme s'il n'était ni à jamais muet, ni tout à fait absent.

*

L'engoulevent, ce matin, dans le gris du matin, plus proche qu'il ne l'a jamais été de la maison ; comme si ne pouvait plus l'effrayer quelqu'un d'aussi proche des ombres.

Lassus's *Missa pro defunctis*. In the libretto I come across the passage, from the Old Liturgy, that had moved me once during a funeral service in the Grignan chapel: *Chorus Angelorum te suscipiat, et cum Lazaro quondam paupere aeternam habeas requiem*. It is not the Lazarus of the New Testament whom Christ resuscitates, merely a poor man covered with sores; and he is more warmly welcomed into Heaven than the rich man on whose threshold he had been begging.

We still know, in fact ever more so, who this Lazarus is. Yet as to the choir of angels whom it was so beautiful to imagine welcoming him and granting him eternal rest?

With this, it is as if he were neither silent forever, nor completely absent.

*

The nightjar this morning, amid the grayness of morning, and closer than this hawk has ever been to the house. As if it could no longer be frightened by someone so close to the shades.

Comment dire cela ?

On a touché à quelque chose de si froid que toute l'année en est atteinte, même au cœur de l'été.

Parler de glacier serait beaucoup trop beau. Même parler de pierre enjoliverait cela.

C'est une forme de froid qui atteint, au cœur du bel été, votre cœur.

Une main trop froide pour être encore de ce monde.

How to put it?

You have touched something so cold that the whole year is affected by it, even the heart of summer.

Speaking of a glacier would be too beautiful. Even speaking of a stone would embellish it.

It is a form of coldness that affects your heart, in the heart of a beautiful summer.

A hand so cold it can no longer be of this world.

Le rire d'un enfant, comme une grappe de groseilles rouges.

A child's laughter, like a bunch of red currents.

Emily Dickinson, traduite par Claire Malroux :

« *La Paix est une fiction de notre Foi —*
Cloches par une Nuit d'Hiver
Emportant hors d'Ouïe le Voisin
Qui jamais ne mit pied à terre. »

Et :

« *L'Aurore est l'effort*
De la Face Céleste
Pour à Nos yeux feindre
L'Ignorance du Parfait. »

*

Claudel, dans Connaissance de l'Est : « *Et je découvre dans un creux la source. Comme le grain hors du furieux blutoir, l'eau de dessous la terre éclate à saut et à bouillons. La corruption absorbe ; ce qui est pur seul, l'original et l'immédiat jaillit.* »

Hölderlin, un siècle plus tôt, dans Le Rhin : « *Ce qui sourd pur est énigme.* »

*

La lumière des fins d'été, laiteuse, laineuse, apaisante.

Ainsi quelqu'un qui reviendrait fidèlement, alors qu'on n'osait plus compter sur lui, fêter une même fête ou calmer de vieux tourments, sans bruit, sans faire étalage de son amitié ; ou éloigner encore un peu le froid.

*

Two poems by Emily Dickinson:

"Peace is a fiction of our Faith—
The Bells a Winter Night
Bearing the Neighbor out of Sound
That never did alight."

And:

"Aurora is the effort
Of the Celestial Face
Unconsciousness of Perfectness
To simulate, to Us."

*

Paul Claudel in *Knowing the East*: "And in a hollow I find the spring. Like a grain from a furious hopper, water spurts from underneath the earth in fits and starts. Corruption absorbs; only that which is pure, originary, immediate bursts forth."

Hölderlin, a century earlier, in "The Rhine": "*Anything surging forth purely is an enigma.*"

*

End-summer light: milky, woolly, soothing.

Like someone who would come back faithfully, at a time when we no longer dared to count on him, to participate in the same celebration or to calm old torments, noiselessly, without making a display of his friendship; or to keep the cold away a little longer.

*

C'est comme si, pendant plusieurs mois, on n'avait presque pas vécu ; rien senti, rien vu, rien lu, ou presque rien. Rien pu lire, à cause de cette main froide touchée probablement en vain.

Presque seule, une voix inconnue, venue de Corée du Sud, celle de Cho Chong-Kwon, traduit par Claude Mouchard, m'a rejoint, saluant, dans *La Tombe du sommet*, un froid de signe opposé :

« *Je vois en gravissant la montagne de l'hiver*
que, dans le lieu du froid, le plus noble
brille comme de la glace
et comme le silence résolu de la chute gelée
[...]
Dans ce début du matin où fond toute la neige de la nuit passée,
le sommet
enveloppé de glace éternelle
vénère la lumière. »

It is as if we had almost not lived for months; felt nothing, seen nothing, read nothing, or almost nothing. Had been unable to read anything because of this cold hand probably touched in vain.

Almost alone, an unknown South Korean voice—that of Cho Chong-Kwon—came to me with a greeting offering an opposite kind of coldness in his "The Tomb at the Top":

"As I climb the winter mountain I see,
in this coldest place, that what is noblest
shines like ice
and like the resolute silence of the frozen waterfall
(. . .)
In this early morning when all last night's snow is melting,
the summit
capped with eternal ice
venerates the light."

Paroles, à peine paroles
(murmurées par la nuit)
non pas gravées dans de la pierre
mais tracées sur des stèles d'air
comme par d'invisibles oiseaux,

paroles non pas pour les morts
(qui l'oserait encore désormais ?)
mais pour le monde et de ce monde.

Words, barely words
(murmured by the night)
not engraved in stone
but written on steles of air
as if by invisible birds

words not for the dead
(who would still dare to do so?)
but for the world and of this world.

Pourquoi faudrait-il tournoyer à l'imitation des derviches,
s'il suffit de marcher sur les chemins d'ici, tant qu'on le peut,
précédés par les signaux brefs, rouge ou bleu, des sauterelles,
comme ces princes d'autrefois par leurs porte-bannière ?

*

Paroles tenant à la terre par leur tige invisible.

*

Saint Jean de la Croix :
« *Leones, ciervos, gamos saltadores* . . . »
Quelquefois pourtant, on n'aura même pas eu besoin de ces bêtes sacrées, pas besoin de légendes,
pour que des mots bondissent ainsi de colline en colline, à travers buissons et ravins, comme des traits de lumière dans la lumière, sans que le poids d'une seule pensée, l'ombre d'une seule appréhension les entravent.

Un instant sans durée, un jour peut-être hors des jours, une seule nuit « plus aimable que l'aube ».

*

Cette sorte de sourire que sont parfois aussi les fleurs, au milieu des herbes graves.

*

Why must we whirl around imitating dervishes
when it suffices to stroll on these paths, as long as we are able to,
preceded by grasshoppers, their flashes of red or blue,
as princes were in bygone days by their banner bearers?

*

Words attached to the earth by their invisible stems.

*

Saint John of the Cross:
"*Leones, ciervos, gamos saltadores* . . ."
Sometimes, however, we will not even have needed those sacred creatures, those legends,
to make words leap like that from hill to hill, across bushes and ravines, like lines of light in light, without the weight of a single thought, the shadow of a single fear, hindering them.

An undurable moment, a day perhaps beyond all days, a single night "more loveable than the dawn."

*

The sort of smile that flowers sometimes are, amid solemn grasses.

*

Et cette sorte aussi de fleur ouverte, grand ouverte, à partir du cœur, que peut être un enfant, sous le même ciel dont le bleu nous déchire.

*

*« Fu dove il ponte di legno
mette a Porto Corsini sul mare alto
e rari uomini, quasi immoti, affondano
o salpano le reti . . . »*

C'est le début d'un poème de Montale qui porte un nom de femme, *Dora Markus*. Pourquoi me revient-il si souvent en mémoire, comme s'il m'apportait à chaque fois un réconfort ?

Qui a été Dora Markus ? Je n'ai pas besoin de le savoir. Il me semble que, sans même avoir besoin de lire la suite du poème — si léger que soit ce comportement —, son titre à lui seul fait se lever derrière ses premiers mots, comme du fond d'un rêve indistinct, une figure d'étrangère, peut-être d'exilée, insaisissable ou encore seulement insaisie, qui en fait résonner plus profondément les échos.

Une scène passée, on ne sait exactement laquelle, mais liée à un lieu précis — que je ne connais pas, que je n'ai pas besoin non plus de connaître —, en Italie, au bord d'un lac ou d'une mer ; et c'est pour moi comme si . . . comme si quoi ? Comme si ce quelque chose qui s'est passé là, dans ce lieu où je n'irai jamais, lié à cette inconnue sans doute morte depuis longtemps, était aussi dense qu'aucun moment d'aucune vie, dense et ouvert, infiniment réel et pourtant perméable à l'irréel, comme le regard qui erre à la surface des eaux, tout en voyant encore ce pont de bois, ce port, ces pêcheurs, aimanté par l'ombre étrangère, vers « l'autre rive », finit par se perdre avec bonheur dans l'illimité.

*

And also the sort of open—wide open—flower that a child can be, beneath the same sky whose blue rends our hearts.

*

> "*Fu dove il ponte di legno*
> *mette a Porto Corsini sul mare alto*
> *e rari uomini, quasi immoti, affondano*
> *o salpano le reti . . .*"

So begins a poem by Montale and its title is the name of a woman, "Dora Markus." Why do I remember it so often as if it brought me comfort each time?

Who was Dora Markus? I do not need to know. It seems to me that, without even needing to read the rest of the poem—however thoughtless this attitude might be—the title itself conjures up from behind these first two words, as from the depths of a vague dream, the figure of a foreign woman who is perhaps an expatriate, who is unfathomable or indeed only unfathomed, and who makes the echoes of the title resonate more profoundly.

A scene from the past, yet we do not know precisely which one, and it is linked to a specific place—which I do not know either, nor need to know—in Italy, on a lake- or sea-shore; and for me it is as if . . . As if what? As if whatever happened there, in this place to which I will never go and which is linked to an unknown woman who is probably long dead, were denser than any moment from any life, were dense and open, infinitely real yet permeable to the unreal—even as a gaze magnetically attracted to the foreign shade and roaming over the surface of the water toward "the other shore"—all the while still taking in the wooden bridge, the port, the fishermen—ends up happily losing itself in the unlimited.

*

Visite au survivant, à l'hôpital, après qu'il a passé une nuit entière dans la forêt — à moins qu'on ne l'ait enlevé et qu'on ait voulu faire croire à une fugue (nul ne le saura jamais). Comme quelqu'un lui lit, parce que sa vue a trop baissé pour qu'il le fasse lui-même, une lettre d'un neveu anglais évoquant la mort de son ami, il fait répéter, épeler au lecteur le mot « died ». Comme s'il voulait s'assurer une bonne fois que cette mort est réelle — quand en effet son esprit, de plus en plus souvent divagant, dans d'autres forêts et dans d'autres nuits, l'oublie ou refuse de l'accepter.

*

J'assiste avec une sorte de bonheur à l'envol rapide des feuilles détachées des branches par un vent du nord très violent qui fait scintiller celles qui restent encore aux arbres. Cela me rappelle quelque chose à propos des oracles de la Sibylle.

Au chant VI de l'*Énéide*, en effet, Virgile fait dire à Énée, venu consulter la Sibylle de Cumes : « *Seulement, ne confie pas tes vers prophétiques à des feuilles qui peuvent s'envoler en désordre, jouets des vents rapides.* »

Ainsi s'enrichit notre vision des choses de ce monde. Ces feuilles éparpillées, « jouets des vents rapides », n'avaient plus été rien que des feuilles ; elles portaient en elles, pour mon regard du moins, l'élan des essors d'oiseaux, leur apparence d'ébriété joyeuse, dans un mouvement d'aventure et de conquête bien plus que de fuite et, surtout, de chute. Ce rapprochement suffisait à expliquer cette « sorte de bonheur » que j'avais éprouvé, instinctivement, sans chercher plus loin.

Plus tard seulement, le vague souvenir des vers de Virgile viendrait charger ce bref instant d'automne d'un sens plus lourd ; au-delà du monde visible dont font partie les feuilles et les oiseaux, le regard découvrirait en quoi les paroles peuvent leur ressembler, celles de la poésie et celles qu'un dieu arrachait aux lèvres d'une femme élue par lui pour éclairer les consultants sur l'avenir ; paroles comme les feuilles nourries par une sève montant de l'obscur puis livrées au vent, paroles comme les oiseaux lancées en avant d'elles-mêmes, vers l'inconnu qu'elles prétendaient mesurer.

*

A visit to the survivor in the hospital after he had spent a whole night in the forest—unless he had been led away and his kidnappers had wanted to create the impression that he had run off (no one will ever know). While someone is reading to him (because his own eyesight has worsened so much) a letter from an English nephew evoking his companion's death, he has the reader repeat, then spell, the word "died." As if he wanted to assure himself once and for all that the death of his companion was real—whereas his mind, which indeed rambles more and more often into other forests and other nights, forgets the death or refuses to accept it.

*

With a sort of gladness I watch how fast leaves fly up in a violent north wind that makes those leaves that are still attached to the trees glisten. This reminds me of something about the oracles of the Sibyl.

In the Sixth Book of *The Aeneid*, Virgil's Aeneas goes to consult the Cumaean Sibyl and then tells her: "*However, do not entrust your prophetic lines to leaves that might fly off in disorder, becoming playthings of the gusting winds.*"

This is how our vision of the things of this world is enriched. Those scattered leaves, those "playthings of the gusting winds," were no longer mere leaves, to my eyes at least; they had now acquired the force of birds in flight—their apparent joyous giddiness—heading toward adventure and conquest much more than escape and, especially, a fall. This parallel initially sufficed to explain the "sort of gladness" that I instinctively felt, and I searched for no further meaning.

Later, however, the vague memory of Virgil's lines would burden this brief moment of autumn with a heavier sense; beyond this visible world to which belong leaves and birds, my eyes discovered what likens leaves to words, indeed the words of poetry and those that a god snatched from the lips of a woman chosen by him to elucidate the future for those seeking counsel; words like leaves nourished by sap coming up from darkness and then delivered to the winds; words—like birds—thrust out in front of themselves towards the unknown that they claimed to be able to measure.

*

Imagine quelqu'un d'enfermé dans une pièce hermétiquement close, sans issue possible, sans aucune porte ou fenêtre à fracturer, pire qu'une geôle dans un « quartier de haute sécurité » — et qui y découvrirait soudain, invisible jusqu'alors, un fauve, ou un ennemi sans pitié, ou rien qu'une ombre agressive, avançant lentement vers lui. Ce qui est radicalement sans issue, imparable, inéluctable. Tel est le combat, radicalement inégal, de l'agonie. Tel du moins il était, puisqu'on peut désormais nous l'épargner, ou en atténuer, artificiellement, les morsures.

*

Piero Bigongiari, dans un recueil posthume :

*« Il n'est d'autre demeure que dans l'angle
de cette aube qui s'ouvre, hors de la mort... »*

Imagine someone locked up in a hermetically closed room without any exit possible, without any door or window to break open, worse than a cell in a "maximum security wing"—and who suddenly discovers what had been invisible up to then: a wild animal, a merciless enemy, or merely an aggressive shadow slowly progressing towards him. What is radically without an exit, implacable, unavoidable: this is the radically unequal battle of the death throes. At least, such is how they used to be, since we now can be preserved from them or can artificially alleviate the bites.

*

Piero Bigongiari, in a posthumous volume:

"There is no other dwelling place than in the angle of this dawn that is opening, outside of death . . ."

Le don, inattendu, d'un arbre éclairé par le soleil bas de la fin de l'automne ; comme quand une bougie est allumée dans une chambre qui s'assombrit.

Pages, paroles cédées au vent, dorées elles aussi par la lumière du soir. Même si les a écrites une main tavelée.

Violettes au ras du sol : « ce n'était que cela », « rien de plus » ; une sorte d'aumône, mais sans condescendance, une sorte d'offrande, mais hors rituel et sans pathétique.
Je ne me suis pas agenouillé, ce jour-là, dans un geste de révérence, une attitude de prière ; simplement pour désherber. Alors, j'ai trouvé cette tache d'eau mauve, et sans même que j'en reçoive le parfum, qui d'autres fois m'avait fait franchir tant d'années. C'est comme si, un instant de ce printemps-là, j'avais été changé : empêché de mourir.

Il faut désembuer, désencombrer, par pure amitié, au mieux : par amour. Cela se peut encore, quelquefois. À défaut de rien comprendre, et de pouvoir plus.

À la lumière de novembre, à celle qui fait le moins d'ombre et qu'on franchit sans hésiter, d'un bond de l'œil.

This unexpected gift of a tree brightened by the low sun at the end of autumn; as when a candle is lit in a darkening room.

Pages, words given over to the wind and also tinged gold by the evening light. Even if they were written by a liver-spotted hand.

Violets at ground level: "merely this," "nothing more." A kind of alms, yet without condescension, a sort of offering belonging to no ritual and without pathos.

I had not knelt that day in a gesture of reverence, an attitude of prayer; simply to pull some weeds. Then I noticed the puddle of mauve water, without even catching the whiff of the violets' fragrance, which at other times had enabled me to leap back so many years. It was as if, for a moment of that spring, I had been changed: prevented from dying.

You need to demist, to decongest, out of pure friendship, or better: out of love. This is sometimes still possible. Even if you understand nothing, and can do nothing more.

To November light, which casts the least shadow and which you can step over without hesitating, in the leap of an eye.

La main tenant la rampe
et le soleil d'hiver dorant les murs

le soleil froid dorant les chambres fermées

la gratitude envers l'herbe des tombes
envers les rares gestes de bonté

et toutes les roses éparses des nuages
les braises laineuses des nuages
éparpillées avant que la nuit ne tombe

The hand clasping the banister
and the walls tinged gold by the winter sunlight

the closed bedrooms tinged gold by the cold sunlight

gratitude towards the grass covering graves
towards the rare gestures of goodness

and all the sparse roses of the clouds
the woolly embers of the clouds
strewn before nightfall

« Comme le martin-pêcheur prend feu... »

Apercevant parmi les saules, au bord de l'eau peu profonde, l'éclair orange et bleu de cet oiseau que, depuis des années, je n'avais pas revu, le vers de Hopkins m'a, non moins vivement, traversé l'esprit.

Choses qu'on ne peut qu'entrevoir
et qui n'ont de sens qu'évasives

orange et bleu conjugués

fruits à ne jamais cueillir

choses qu'il faut laisser aux saules, aux ruisseaux.

*

Le froid, le gris, comme du fer.

Ciel couleur de fumées basses, de cendres qui auraient tout oublié du feu qu'elles furent.
Ciel qui efface le souvenir des saisons plus heureuses. Ciel fermé, porte murée.
Tout ce qui se ternit, ne renvoyant plus la lumière.

*

"As kingfishers catch fire . . ."

When I spotted among the willows, at the edge of some shallow water, the orange and blue flash of this bird that I had not seen for years, Hopkins's line likewise sped across my mind.

Things that can only be glimpsed
and take on meaning only in their evasiveness

orange and blue combined

fruit that must never be picked

things that must be left to willows, to streams.

*

Coldness, grayness, like iron.

A sky the color of smoke from low-burning fires, of ashes that had wholly forgotten the fire they once had been.
A sky erasing the memory of happier seasons. A closed sky, a walled-up doorway.
Everything that gets tarnished, no longer reflecting light.

*

Quand l'esprit s'égare, en souffre-t-il ? Seulement, sans doute, quand il sort de l'égarement pour en prendre conscience. Le vieil homme amaigri, mais encore debout, qui si souvent se croit ailleurs qu'il n'est, revit d'anciennes scènes de sa vie ou en invente de nouvelles : souffre-t-il, dans cet ailleurs ? Peut-être pas, le temps qu'il y croit. Il se déplace en lui-même moins difficilement que dans l'espace réel.

Mais je me redis une fois encore qu'il ne faudrait pas se tourmenter avant le temps, se laisser hanter par ce qui n'est pas encore, si menaçant, imminent que cela puisse être.
Écrire simplement « pour que cela chantonne ». Paroles réparatrices ; non pour frapper, mais pour protéger, réchauffer, réjouir, même brièvement.
Paroles pour redresser le dos ; à défaut d'être « ravis au ciel », comme les Justes.
Jusqu'au bout, dénouer, même avec des mains nouées.

*

À la fin d'un énième rêve d'égarement où, sortant, si je me souviens bien, d'un théâtre, je m'éloignais toujours plus des quartiers habités, je me suis vu descendre un mauvais chemin dans une sorte d'entonnoir où ne poussaient plus que de maigres buissons et de l'herbe par taches entre les pierres. Je descendais, mais j'étais si certain que jamais je n'en remonterais que l'angoisse m'a réveillé. Cette sorte de ravin avait la forme que Dante assigne à l'Enfer, mais c'était un Enfer ordinaire dont même le plus grand esprit ne pouvait espérer revenir.

*

When the mind loses its reason, does it suffer? Probably only whenever it leaves its distracted state and becomes aware of what has happened. The emaciated old man, who is nonetheless still on his feet and so often believes that he is elsewhere than where he really is, sees former scenes from his life once again or invents new ones: does he suffer in this elsewhere? Perhaps not during the lapse of time in which he believes in it. He moves around within himself more easily than in the real world.

Yet I tell myself once again that I should not torment myself ahead of time, nor let myself be haunted by what has not yet occurred, however imminent and threatening it can seem.

Simply write so that it "hums along." Healing words, not striking words—for protecting, warming, rejoicing, even briefly.

Words for sitting up straight; even if we cannot be "ravished up to heaven" like the righteous.

Until the very end, unknot, even with knotty hands.

*

At the end of an umpteenth dream about losing my way, in which, if I remember correctly, after leaving a theater I began walking ever further from the populated quarters, I saw myself going down a stony path into a sort of funnel where only scraggy shrubs and wild grass were growing in patches among the rocks. I kept going down, but I was so sure of never being able to come back up that anxiety awakened me. The shape of this ravine was like the one that Dante ascribes to Hell, but it was actually an ordinary Hell from which even the greatest mind could not hope to return.

*

Un peu après quatre heures de l'après-midi, la demi-lune couleur de nuage entre de vrais nuages, et au-dessous la lumière des soirs d'hiver, aussi violente que celle d'une rampe de théâtre, sur les derniers feuillages qui font alors penser à un nid, à une crèche de paille. Où l'on voudrait coucher ses pensées, gagnées lentement par le froid.

*

À un an de sa mort, âgé de quatre-vingt-deux ans, Goethe offre à son ami le musicien Zelter un beau poème anniversaire, qui se termine ainsi :

« *Là où tout se fige,
Savoure l'image !* »

Ainsi celle, aujourd'hui que la neige s'est mise à tomber à gros flocons, épaississant le silence, du plaqueminier illuminé de tous ses fruits orange entre ses branches emmitouflées de blanc.

*

À mes pieds, ce pan de mur jaune parmi la neige, cet autre, rose : ces crépis jugés d'autres jours un peu trop neufs et suaves, on dirait en ce moment le modèle des couleurs de Morandi. Une peinture qui aurait reçu sa lumière de la neige, comme dans le poème de Leopardi dont me hantent merveilleusement ces vers :

« *In queste sale antiche,
Al chiaror delle nevi . . .* »

*

A little after four o'clock in the afternoon, a cloud-colored half-moon among real clouds, and below them the light of winter evenings—as bright as theater footlights—illuminating the last clusters of foliage and making you think of a nest, a straw-filled manger. And in that bed you would like to lay down your thoughts, slowly overcome by the cold.

*

At the age of eighty-two, a year before his death, Goethe offers to his friend, the musician Zelter, a beautiful birthday poem, which ends:

"*Wherever the All takes on a shape,
savor the image!*"

Like the image today—as big snowflakes have begun to fall, thickening the silence—of the persimmon tree lit up by all its orange fruit among white-muffled branches.

*

At my feet, this yellow part of the wall amid the snow, and this other rose part: these roughcast walls that we formerly found a little too new and glossy now seem the very models for Morandi's colors. Like a painting that had received its light from the snow, as in Leopardi's poem whose lines haunt me marvelously:

"*In queste sale antiche,
Al chiaror delle nevi . . .*"

*

Empédocle d'Agrigente :

« *Iris apporte de la mer le vent
et les pluies abondantes . . .* »

et, dans les *Purifications* :

« *Ô mes amis qui habitez la grande ville, penchée
au-dessus de l'Acragas au limon d'or
[. . .]
vous que le mal n'a point souillés, je vous salue.* »

*

L'épaule qui grince comme un gond rouillé. Douleur, même insignifiante encore, qui pourrait s'aviver ; comme il en est qui annoncent que la mort a commencé de vous faire sentir sa poigne. Je ne devrais pas oser écrire que cette douleur de rien du tout m'a paru me rapprocher un tant soit peu de ce paysan tchétchène qu'un soldat russe empoignait brutalement à l'épaule pour le forcer à rentrer chez lui, ou à sortir du champ de la caméra.

*

Max Jacob, dans une de ses dernières proses :

« *J'ai vu le Seigneur sous les eaux d'une rivière. La rivière était transparente. La robe était sombre mais elle n'était ni souillée ni mouillée.* »

*

Empedocles of Agrigentum:

*"Iris brings wind and heavy rains
from the sea . . ."*

And in his *Purifications*:

*"O friends who dwell in the great city,
perched above the Acragas with its golden silt
(. . .)
you who evil has not soiled, I greet you."*

*

My shoulder creaking like a rusty hinge. Although still a minor pain, it could sharpen, like those announcing that death has begun to make you feel its grip. I shouldn't dare to write that this trifling pain has given me the impression of resembling just a little that Chechen peasant whom a Russian soldier brutally grabbed on the shoulder in order to force him to go inside his house or out of the range of the camera.

*

Max Jacob, in one of his last prose writings:

"I saw the Lord below the surface of a river. The river was transparent. His robe was dark but it was neither wet nor soiled."

*

Phrase que je me souviens d'avoir dite, au cours d'un rêve teinté de mélancolie, à une jeune inconnue aux cheveux noirs : « À tout instant, dans ce monde-ci, il y a quelqu'un occupé à pleurer ; et quelquefois, par notre faute. »

*

Cette fumée qui s'élève entre les arbres éclairés par le soir, qui flotte, sans aucun poids, telle la buée de notre respiration dans le froid, passant du gris au bleu à mesure qu'elle monte : ici, dans ce monde encore en paix, elle ne signifie que des feux de feuilles — rien de funèbre, rien d'atroce.

*

« Anna Mikhaïlovna Epstein » : sa tombe submergée par la neige là où brillaient au bord du ciel, Pléiades consolatrices ou cruelles aux déportés, les bulbes dédorés du monastère de Sakhaline.

*

Et voici que le soir se referme une fois de plus, replie son aile rose et dorée pour le sommeil. Je me sens le devoir de le noter. Comme le scribe faisait les comptes de la journée du commerçant : soir inscrit au livre des soirs, mais qui n'est rien pourtant que l'on puisse amasser ou négocier. On ne consigne pas un poids, un métrage, un prix : rien qui se chiffre. Plutôt quelque chose comme le croisement de deux clairs regards, d'où s'élève ce qui semble échapper à leur caducité.

Sentence that I recall having said, during a dream tinged with melancholy, to a young unknown woman with black hair: "In every moment, in this world, someone is busy crying; and sometimes it's our fault."

*

This smoke floating up through trees lit up by the evening and hovering weightlessly even as our own mist, when we breathe out into the cold air, changes from gray to blue as it rises: here in this world still at peace, it merely means burning leaves—nothing funereal, nothing atrocious.

*

"Anna Mikhailovna Epstein": her grave submerged by snow at a place where at the edge of the sky once shone those cruel or consoling Pleiades for the deported: the tarnished bulbs of the Sakhalin Monastery.

*

And now the evening closes in once again, folding up its rose and golden wing for sleep. It is my duty to note this down. Even as scribes used to keep the books for their merchant's business day: an evening inscribed in the book of evenings, even though this is nothing that can be accumulated or negotiated. No weight, measurement, or price is recorded; nothing can be totaled up. Rather, it is like two limpid glances meeting and, from this, something seemingly escaping from their caducity.

Après coup

Afterwards

Ainsi donc :

aucun progrès, pas le plus petit pas en avant, plutôt quelques reculs, et rien que des redites.

Pas une vraie pensée. Rien que des humeurs ; des variations d'humeur, de moins en moins cohérentes ; rien que des morceaux, des bribes de vie, des apparences de pensées, des fragments sauvés d'une débâcle ou l'aggravant. Des moments épars, des jours disjoints, des mots épars, pour avoir touché de la main une pierre plus froide que le froid.

Loin de l'aube, en effet.

Ce qu'on ne peut pas ne pas dire, tout de même, parce qu'on l'a touché du doigt. La main froide comme une pierre.

Si vite qu'écrivent les martinets, si haut qu'ils tracent leurs signes dans le ciel d'été, les morts ne peuvent plus les lire. Et moi, qui les vois encore avec une espèce de joie, ils ne m'enlèveront pas au ciel.
Au-dessous d'eux, ces ébauches d'ignare. Une brève et pure échappée, des velléités d'ascension, et la plus longue rechute dans les cailloux, la plus longue reculade.

Dans la détresse des fuyards qui est comme une neige où plus aucune trace de cœur ne serait visible, jamais. Ou comme un linge qui refuserait de plus jamais porter l'empreinte d'un visage, ni même d'une main.

(Quelqu'un écrit encore pourtant sur les nuages.)

In conclusion:

no progress, not the slightest step forward, rather instead some retreating, and nothing but repetitions.

No true thinking. Nothing but moods; ever less coherent changing moods; nothing but bits, scraps of life, apparent thoughts, fragments rescued from a debacle or worsening it. Scattered moments, broken off days, scattered words, because a hand touched a stone colder than cold.

Distant from dawn, indeed.

All the same, this cannot be left unsaid, because your fingers touched it. Your hand cold as a stone.

Swifts sketching signs so fast and high in the summer sky that the dead can no longer read them. And I who still watch them with a sort of joy— they will not steal me up to heaven.

Below them, these rough drafts of an ignoramus. A pure, brief breakaway, vague urges to soar, then the farthest falling back down to the rocks, the farthest backing off.

With a runaway's distress, which is like a snowfall in which not a single heart track would ever be visible again. Or a piece of cloth that would refuse to bear ever again the imprint of a face, even a hand.

(Someone is still writing, however, about clouds.)

Ce peu de bruits . . .

These Slight Noises . . .

Sentiment de la fin d'un monde hors duquel je ne pourrais plus respirer.

*

Rien qu'une touffe de violettes pâles,

rien qu'une très petite fille . . .

*

Couleurs du soir soudain comme des vitres (ou des élytres)
seulement ce soir-là en ce lieu-là

mirage silencieux

passage ouvert dans la transparente obscurité
vitrage limpide comme s'il y avait là une lamelle d'eau,
une mince couche d'eau pure
sur tout le paysage, les prairies, les haies, les rochers

comme si une figure dont on ne verrait que le dos
vous invitait gracieusement à entrer
dans la nuit la plus claire jamais rêvée.

*

Deux aigrettes blanches au-dessus du Lez invisible derrière les roseaux.

*

Sensing the end of a world apart from which I would no longer be able to breathe.

*

A mere tuft of pale violets,

a mere little girl . . .

*

Evening colors like sudden windowpanes (or elytra)
only for that evening and in that spot

a silent mirage

a passage opened in the transparent darkness
a clear windowpane as if a strip of water,
a thin slice of pure water
covered the whole landscape, the meadows, the hedges, the boulders

as if a shape whose back could only be seen
kindly invited you to enter
the clearest night ever dreamt.

*

Two white egrets above the Lez invisible behind the reeds.

*

« *Cette petite espérance qui sauterait à la corde dans les processions* . . . »
(Péguy)

*

Si c'était la lumière qui tenait la plume,
l'air même qui respirait dans les mots,
cela vaudrait mieux.

*

Ce que j'ai pensé cet été après avoir lu l'*Ode à un rossignol* de Keats dans la belle traduction de Bonnefoy : que le chant du rossignol était encore tellement *autre chose*.

« *Dryade d'aile claire de ces arbres* » . . .
Keats rêve de s'élever à la hauteur de l'ivresse de l'oiseau chanteur. Présents : la nuit d'été, ses parfums, un profond désir de mourir. « *Enfuie est la musique* . . . »

Oui, c'est un poème parmi les plus beaux ; mais auquel échappe tout de même la spécificité de la voix du rossignol, l'essence de sa magie. Celle que j'ai tenté de saisir une première fois dans une des *Notes du ravin*.

Chez Keats, le chant du rossignol joue sa partie dans le concert de la nuit d'été ; mais il est plus encore la projection hors de soi, ou le réveil au-dedans de soi, d'une grande mélancolie. Un siècle plus tard, Rilke approchera de beaucoup plus près son énigme : dans la *Huitième élégie de Duino*, mais aussi dans une lettre à Lou Salomé du 20 février 1914 : « *De là la situation fascinante de l'oiseau sur ce chemin vers le dedans ; son nid est presque un corps maternel extérieur, à lui consenti par la nature, et qu'il se borne à aménager et à couvrir, au lieu d'y être entièrement contenu. Aussi a-t-il, de tous les animaux, le rapport affectif le plus confiant avec le monde extérieur, comme s'il se savait lié à lui par le plus intime secret.*

"This little hope that is said to jump rope during religious processions . . ."
(Péguy)

*

If the light were holding the pen
and the very air were breathing within the words,
this would be better.

*

What I thought this summer after reading Keat's "Ode to the Nightingale" in Yves Bonnefoy's fine translation: that the song of the nightingale was still something *utterly different*.

"*light-winged Dryad of the trees . . .*"
Keats dreams of rising to the songbird's drunken heights. Present: the summer night, its fragrances, a deep desire to die. "Fled is that music . . ."

Indeed, it is one of the most beautiful poems; yet missing from it are nonetheless the specific qualities of the nightingale's voice, the essence of its magic. The magic that I first tried to grasp in one of my *Notes from the Ravine*.

In Keats, the nightingale's song plays its part in the summer night concert; yet it is even more a projection outside the self, or an awakening inside the self, of a deep melancholy. A century later, Rilke comes much closer to its enigma in the *Eighth Duino Elegy* as well as in his letter, dated 20 February 1914, to Lou Andreas-Salomé: "*Thus the fascinating situation of birds on this path to innerness; their nests are almost external maternal bodies furnished by Nature; and birds restrict themselves to fitting them out and then covering them instead of entirely dwelling inside. So of all the living creatures, birds have a special trust in the outside world, as if they knew that they were linked to it by the most intimate secret.*

C'est pourquoi il chante au sein du monde comme s'il chantait au-dedans de lui-même, c'est pourquoi nous accueillons si aisément en nous son chant, il nous semble le traduire dans notre sensibilité sans aucune perte, il peut même transformer pour nous, un instant, le monde tout entier en espace intérieur, parce que nous sentons que l'oiseau ne distingue pas entre son cœur et celui du monde. »

Une voix qui ne s'adresse pas à nous, qui nous ignore, et c'est pourquoi elle paraît si pure, montant comme une flamme liquide, une fusée liquide — un jet d'eau.

S'élevant en spirales comme certaines merveilleuses phrases musicales, en vrille ; dans le velours de la nuit d'été.

Cela ruisselle vers le haut.

Pas de mélancolie, pas de plainte dans ce chant-là : comme il nous semble y en avoir dans le cri du chat-huant ou le gémissement des ramiers.

Pas de nervosité non plus comme, toujours en apparence bien sûr, dans les cris des hirondelles, ou même le pépiement de certains passereaux.

C'est lié à la nuit, bien qu'ils chantent beaucoup le jour ; au son même du mot « nuit » ; et cela monte de l'abri des arbres, des fourrés, comme la voix même des arbres.

Comme de l'eau : cela rafraîchit donc, cela désaltère l'ouïe.

Cela *s'essaie*, aussi ; ne fuse pas du premier coup, mais prend son élan. On oublie, à force de ne jamais le voir, que c'est un oiseau qui parle ainsi.

Cela éclaire la nuit comme une tendre fusée ; et s'allie tout naturellement à la lune : monte tout naturellement vers elle.

Cela pourrait être encore comme un collier de perles pour l'ouïe.

*

This is why they sing in the world as if they were singing inside themselves, and why we so easily usher a birdsong into ourselves; we seem to translate the song within our sensibility without any loss, and the song can even transform, for a moment, the entire world into an inner space because we sense that birds make no distinction between their own heart and that of the world."

A voice that does not speak to us, remains unaware of us, and this is why a birdsong seems so pure as it rises like a liquid flame, a liquid rocket—like water spurting high.

Spiraling upwards as do certain marvelous musical phrases, ever more tightly spiraling; into the velvet of the summer night.

The sound streaming upwards.

No melancholy, no moaning in that song: as there seems to be in the hooting of screech owls or the groaning of woodpigeons.

Nor nervousness—apparent nervousness, of course—as when swallows squeal or some kinds of sparrows chirp.

A song linked to the night, even if nightingales also often sing during daytime; linked to the very sound of the word "night"; and the sound rises from the shelter of trees and bushes as the very voice of trees.

Like water: thus refreshing, quenching hearing's thirst.

A song that *does exercises* as well, not streaking upwards at the first attempt, but rather gathering force. Because we never see nightingales, we forget that they are birds that speak this way.

A song lighting up the night like a tender skyrocket; and it naturally becomes an ally of the moon, naturally rises toward it.

A song that could also be like a pearl necklace for the sense of hearing.

*

Le plateau de Clansayes, avec ses chemins romains (gallo-romains ?) creusant leurs ornières dans la pierre, les chênes verts, les lichens gris, comme un autre lieu sacré — où pointe soudain une unique fleur rose.

*

Le reflet des lampes sur la vitre. Poèmes, comme un reflet qui ne s'éteindrait pas fatalement avec nous.

The Clansayes plateau, with its Roman (or Gallo-Roman?) roads digging their ruts into stone, holm oak, and gray lichens—another sacred spot where a single pink flower suddenly sprouts.

*

The sheen of lamplight on the windowpane. Poems, as sheens that would not inevitably fade away with us.

Rêve. La scène est dans l'appartement lausannois de mon adolescence. Entendant sonner à la porte, je vais ouvrir ; pour apercevoir aussitôt, à contre-jour dans la pénombre du corridor extérieur, trois hommes vêtus de noir, coiffés de grands chapeaux comme on en voit aux médecins de Molière ; l'un d'eux portant même peut-être un collet et un jabot blancs tranchant sur tout ce noir ; ils demandent mon père. À part moi, je me réjouis de pouvoir répondre qu'il n'est pas là — ce qui ne signifie nullement, dans mon esprit, qu'il soit mort. C'est qu'il émane d'eux une sorte de menace. À l'intérieur même du rêve, je pense au trio des masques de *Don Giovanni*, à une apparition confusément funèbre.

(Plus tard, je les reverrai marchant sur un chemin ensoleillé, en contrebas.)

Mais les voici revenus dans la cour de la maison familiale ; cette fois, la menace que j'appréhendais, sans du tout s'élucider, se précise ; de la petite fenêtre des toilettes, l'une des deux seules de l'appartement qui donne sur cette cour grise, au sol couvert de gravier, fermée par un grand portail de fer, je leur crie de partir ; mais ma voix est trop faible, enrouée ; et c'est sa faiblesse, son inefficacité qui, aggravant mon angoisse, me réveille. Il semble qu'au même moment, j'aie réellement poussé un vague cri.

*

Sillans-la-Cascade : une vaste combe herbue, d'abruptes parois de safre et ces deux cascades jumelles dont chacune tombe à son rythme dans des terres presque rouges. Comme une enclave, loin de tout ; dont rien encore ne trahit le secret.

*

Quelque chose à quoi je ne suis pas revenu dans *Truinas*, parce que les propos étaient restés trop flous : Anne de Staël m'a rapporté — le jour de l'enterrement — qu'André n'avait pas eu un instant de peur; qu'il lui avait dit : « La mort, c'est un moment, une heure, une minute ; mais, curieusement, je n'arrive pas à trouver la seconde » ; et que ses derniers mots à Marie auraient été : « Demande à ta tante ce qu'il advient de la fille du Roi-pêcheur après sa mort, dans le conte » ; et Anne de m'expliquer que

Dream. The scene takes place in the Lausanne apartment where I spent my teenage years. Hearing someone ringing the doorbell, I open the door; but just as soon I notice, against the sunlight and in the shadows of the outside hallway, three black-clad men who are wearing big hats like those donned by Molière's physicians. One of them is perhaps even wearing a short white cape and a jabot that stand out against all the black clothing. They ask for my father. I am delighted to be able to answer, to myself, that he is not there—though this hardly means, to my mind, that he is dead. This is because a sort of threat seems to come from them. Inside the dream itself, I think of the Trio of Masks of *Don Giovanni* and of a somewhat funereal apparition.

(Later, I will see them again, this time walking on a sunny path below me.)

Yet here they are again, now standing in the courtyard of the family house. This time, the threat that I had perceived without being able to elucidate it has become more precise: from the small bathroom window (one of only two that look down on this gray, gravel-covered courtyard that is closed off by a high wrought-iron gate), I shout at them to leave; but my voice is too weak, too hoarse; and as its feebleness and ineffectiveness increase my anxiety, I awake. At the same moment, I apparently also screamed something.

*

Sillans-la-Cascade: the high vast grassy combe, the steep zaffer cliffs, and these two twin waterfalls each of which streams down with its own rhythm into the reddish earth. Like an enclave, remote from everything. Nothing has yet betrayed its secret.

*

Something that I did not come back to in my memoir *Truinas* because the words had remained too vague. On the day of André du Bouchet's burial, Anne de Staël told me that he had not been afraid to die, not even for an instant; that he had told her: "Death is a moment, an hour, a minute; oddly, I cannot find the second"; and that his last words to Marie had apparently been: "Ask your aunt what happens to the Kingfisher's daughter after his death, in the fairytale." Anne then explained that

le Roi-pêcheur remonte alors du fond des eaux pour atteindre une espèce d'éternité, plus haut. Il faudrait retrouver ce conte, sans doute lu par André dans son enfance.

*

« *Il y eut de tout temps une réalité secrète dans l'univers, plus précieuse et plus profonde, plus riche en sagesse et en joie que tout ce qui a fait du bruit dans l'histoire.* [. . .] *Pareils à la jubilation du printemps, les poèmes ne sont nullement une histoire de la terre ; ils sont un souvenir de ceux qui se réveillèrent en esprit des rêves qui les avaient amenés ici-bas* [. . .] *Car toute œuvre poétique ramène au sein de la communauté éternelle le monde qui, en devenant terrestre, s'est exilé.* »

(Achim von Arnim)

*

Rêve. D'abord, un terrain vague où est creusée une grande fosse dans laquelle il me faut rallumer d'urgence le feu qui s'est éteint, donc chercher du bois pour l'alimenter. (Mais cela se passe « en même temps », paradoxalement, chez nos amis R., avec peut-être au fond de moi le remords de ne pas m'être assez soucié d'eux. Preuve en est, bien que ce terrain vague n'ait vraiment rien à voir avec leur jardin au bord du lac, qu'en cherchant des planches à brûler, je découvre aussi des débris de marbre, même d'assez élégants fûts de colonnes, ou des cylindres qui pourraient y faire penser — M. R. était marbrier.)

Plus tard, je nous retrouve à plusieurs dans un grand salon ; je dois constamment soutenir Mme R. sous les bras pour qu'elle ne s'effondre pas, sous le regard anxieux de son mari. Entre une servante de la maison, sans heurter à la porte, accompagnée d'un gros chien qu'elle agace, alors que nous savons qu'il peut être agressif et qu'il l'a mordue tout récemment. Mme R. elle-même, du fait de sa maladie, se montre agressive envers ses domestiques — il y en a plusieurs ; envers moi aussi, quand elle me voit autour du cou un foulard semblable à celui qu'elle porte dans ses cheveux, me reprochant de vouloir jouer à Byron.

the Kingfisher swims up from the water bottom in order to reach a kind of eternity, higher up. It would be good to find this tale, which André probably read during his childhood.

*

"Secretness has always existed in the world and is worth more in the heights and depths of joy and wisdom than everything that has made noise in history. (. . .) Similar to the jubilation of spring, poems are by no means a history of the earth; instead, they are a memory of those who awoke in their minds from the dreams that had brought them down here. (. . .) For every poetic oeuvre brings back to the eternal community the world which, when it became terrestrial, went into exile."

(Achim von Arnim)

*

Dream. At first, a vacant lot in which a big ditch has been dug. In this ditch a fire has gone out and I need to relight it in a hurry. I thus need to go and find some wood to feed it. (Yet this paradoxically takes place "at the same time" at the home of our friends, the R.'s, and deep inside me I perhaps feel remorse for not having cared about them enough. This is borne out by the fact that, although the vacant lot really has nothing to do with their garden at the edge of the lake, while I am looking for some boards to burn I also come across some fragments of marble, even some rather elegant column shafts or, at least, some cylinders that remind you of such—Mr. R. was a marble mason.)

Later, I find that several of us are in a spacious living room. I constantly have to hold up Mrs. R. under her arms so that she will not collapse, as her husband looks on worriedly. A woman servant enters without running into the door, and she is accompanied by a big dog that she pesters, while we all know that the dog can be aggressive and that it had recently bitten her. Because of her illness, Mrs. R. herself becomes aggressive toward her servants—there are several of them; and aggressive to me as well when she notices that I am wearing around my neck a scarf similar to the one that she has bound up in her hair. She accuses me of wanting to imitate Byron.

Plus tard, longeant seul le quai devant leur maison, j'aperçois mes amis, au-delà du mur du jardin — plus haut dans le rêve que dans la réalité —, allongés tous les deux face au lac dans un grand lit ; à ce moment précis, je comprends que Mme R. n'est plus en vie.

Plus tard encore, alors que maintenant c'est son mari qu'il faudrait soutenir — et nous sommes de nouveau dans une pièce assez vaste —, un groupe d'hommes d'âge moyen, fringués comme de gros actionnaires dont ils ont aussi et l'allure et la mine, apportent l'un après l'autre à M. R. quelque chose que je distingue mal, peut-être une espèce de fiche qui serait l'annonce, ou le constat de décès, de sa femme. Laquelle, soudain présente et vivante à nouveau, disparaît en s'élevant vers le plafond, ou le ciel, comme une fumée, dans une bizarre et sinistre ascension.

*

Bernard Simeone : les *Barricades mystérieuses* qu'il aimait tant écouter au clavecin ne l'auront pas protégé.

*

Nuit. Au-dessous des arbres, redécouvrant le ciel : comme une floraison, comme un pré.

Later, as I am walking along the quay in front of their house, I spot my two friends beyond the garden wall, which is higher in the dream than in reality. They are lying in a bed, facing the lake; at this very moment, I realize that Mrs. R. is no longer living.

Still later, whereas it is her husband who now needs to be propped up—and we are once again in a rather spacious room—, a group of middle-aged men, done up like rich stock market shareholders whom they also resemble in the way they walk and look, file up to Mr. R. and give him something that I cannot really make out, perhaps a sort of card announcing or certifying his wife's death. Then his wife, suddenly present and once again alive, vanishes by rising like smoke toward the ceiling, or the sky, in a strange and sinister ascension.

*

Bernard Simeone: the "Mysterious Barricades" that he loved to hear played on the harpsichord will not have protected him.

*

Night. Beneath the trees, rediscovering the sky: like a flowering, a meadow.

Promenade à Paulhiet dans une lumière de février extraordinairement transparente. Les grands châtaigniers, dont beaucoup sont à moitié morts, les combes couleur de paille, la silhouette de la Lance dans l'ombre, Miélandre et le mont Angèle en pleine lumière, quelques promeneurs, un paysan sur sa machine, l'impression d'être suspendus — les jardins suspendus de Sémiramis, mais sans le moindre faste, au contraire : un dénuement sans aridité, une douceur sans suavité ni mollesse, une terre presque aérienne — et ce n'est pas cela —, imprégnée par la lumière, si fine qu'elle semble pénétrer toutes choses. Pas la moindre fleur encore, pas de feuilles et, ici, pas même les premiers verts des champs. La terre où l'on aurait posé des nattes de paille ici ou là comme la nappe ou le drap jaune aux Bouffes-du-Nord pour le décor de *Hamlet* réinventé par Peter Brook.

*

Promenade de la route de Salles à la Berre, par temps très doux et ensoleillé. Sur une partie du chemin qui longe la Berre, en contrebas de Pradier : une sente sauvage, de nombreux arbres abattus, des branches cassées, de couleur claire, en vrac, une impression de lieux abandonnés, non frayés, où abondent violettes et primevères, avec cette singulière couleur qu'ont celles-ci, jaune pâle tirant sur le vert, comme si elles cherchaient à ne pas trop se distinguer des feuilles, n'en étaient qu'une variation ; un jaune rustique et doux ; comme souvent, difficile à saisir, ce qui veut dire aussi, émouvant . . . *Couleur qui n'est pas du tout de la lumière.* (Liée sans doute à des souvenirs d'enfance . . .) Une impression de « gentillesse » (?), à condition de dépouiller ce mot de toute fadeur. Avec cela, comme toujours, la certitude qu'il ne faut pas aller chercher trop loin.

*

Walking in Paulhiet in a extraordinarily transparent February light. The great chestnut trees, many of which are half dead, the high straw-colored combes, the silhouette of the Lance in shadow, Mount Miélandre and Mount Angèle in stark sunlight, a few strollers, a farmer on his machine, the impression of being suspended—the hanging gardens of Semiramis yet without the slightest pomp; on the contrary: barrenness without aridity, mildness without softness or smoothness, a nearly aerial stretch of land—though it is not that—permeated by a light so fine that it seemingly penetrates all things. Not the slightest flower or leaf yet, not even the first green hues of the fields. Land on which straw mats seem to have been placed here and there like the yellow sheet- or tablecloth-like fabric used at the Bouffes-du-Nord for the scenery of Peter Brook's inventive version of *Hamlet*.

*

Walking on the road from Salles to the waters of La Berre, in mild sunny weather. Along the section of the path that follows the stream, below Pradier: a makeshift footpath, several cut-down trees, broken branches, everything clear in color, an impression of a forsaken place which has not yet been opened up and in which violets and primroses abound—with the latter's odd pale yellow color verging on green as if primroses sought not to distinguish themselves too much from leaves and were a mere variant; a soft rustic yellow which, as is often the case, is difficult to define, which also means that it is emotionally moving . . . *A color that does not come from light at all.* (Probably linked to childhood memories . . .) An impression of "kindness" (?), provided that this word is stripped of all triteness. With all this, the certainty, as ever, that you do not need to search very far.

*

Relisant Yeats : la première des *Histoires de Hanrahan le Roux*, un très beau conte, avec une partie de cartes qui fait penser à l'*Histoire du soldat*, d'où suit l'égarement du héros. Comment on le retrouve un an après, toujours l'encrier au cou et son petit Virgile dans la poche ; mais quand il l'ouvre, il constate qu'il ne sait plus lire — et il a perdu celle qu'il aimait.

*

MONSIEUR COGITO ET LA MUSIQUE POP

« . . . *l'ennui c'est que*
le cri se dérobe à la forme
qu'il est plus pauvre que la voix
qui s'élève
et tombe

le cri touche au silence
mais par enrouement
et non par volonté
de décrire le silence

il est aussi terne que tapageur
car impuissant à s'articuler . . . »

(Zbigniew Herbert)

Rereading Yeats: the first of the *Red Hanrahan* stories, a very beautiful tale with a card game that recalls *The Soldier's Tale* and that makes the main character lose his wits. How he is found a year later, the inkpot still around his neck and his Virgil in the pocket of his coat; but when he opens the book, he no longer knows how to read—and he has lost his sweetheart.

*

MR. COGITO AND POP

". . . the difficulty is that
the shriek eludes form,
is poorer than the voice
which ascends
and falls

the shriek touches silence
but through hoarseness
not through the will
to describe silence

it is garishly dark
from powerlessness of articulation . . ."

(Zbigniew Herbert)

Parmi les rencontres merveilleuses que l'on peut faire dans les terres des livres : Jan Skácel a écrit un poème (« Voyageurs dans la nuit ») à partir d'un des haïkus qui m'ont le plus touché, celui des voyageurs « demandant si la nuit est froide / avec des voix endormies » ; et un autre (« Les Anges ») a pour point de départ la phrase célèbre de Rilke expliquant au Dr von Gebsattel son refus de toute cure psychanalytique : « *Il me semble hors de doute que, si l'on me chassait mes démons, mes anges aussi auraient un peu, disons un tout petit peu, peur.* »

*

C'est mon vieux jeune ami Hervé Ferrage qui m'a fait lire *Le Détour et l'accès* du sinologue François Jullien, parce qu'il y avait vu de grandes affinités entre l'approche du monde par la pensée et la poésie chinoise telle qu'elle y est analysée, et ma propre pratique de la poésie. Rencontres surprenantes, en effet, compte tenu de ma médiocre intelligence des choses de la Chine — si éclairantes qu'aient toujours été pour moi dans ce domaine, par ailleurs, les pages de mon cousin Jean-François Billeter[1]. Rencontres qui flattent toujours — bien sûr ! —, mais qui surtout vous fortifient, le temps qu'on y croit.

L'essentiel étant, sur ce point précis, qu'il y aurait dans la pensée — et aussi bien la pratique — chinoise une capacité de dépasser la distinction, voire le conflit entre le sujet et l'objet ; attitude, démarche qui ouvriraient ainsi l'accès à un espace proche du « *Weltinnenraum* » rilkéen ; mais d'une façon qui m'a semblé plus simple, plus modeste et plus naturelle. Le rayonnement d'un « au-delà » dans l' « en-deçà », d'un illimité à l'intérieur de limites devenues poreuses grâce à une sorte de distraction, et à travers divers détours. (Dhôtel lui-même ne serait pas si loin de cela.)

Lisant aujourd'hui *La grande image n'a pas de forme*, essai que le même auteur consacre à la peinture chinoise et, plus particulièrement, à ses théorisations successives, je retrouve certes ces mêmes analogies. Mais avec deux réserves : la première, qu'il pourrait y avoir là aussi pour finir trop de systémisation, trop de « concepts » : ainsi, lorsqu'on enjoint au peintre peignant un arbre,

---

[1] Lequel d'ailleurs, récemment (j'ajoute cela en 2007), fort de son grand savoir de Sinologue et ne manquant jamais d'assurance, est parti bravement en guerre contre le même François Jullien — mais ce n'est pas ce qui importe ici, quand bien même mon rapprochement devrait se révéler mal fondé.

Among the marvelous encounters that one can make in the lands of books: Jan Skácel has written a poem ("Night Voyagers") based on one of the haikus that has most moved me; the one where travelers "ask with their sleepy voices / if the night is cold"; and another poem ("The Angels") begins with Rilke's famous remark to Dr. von Gebsattel, explaining why he rejects all psychoanalytical cures: *"For me, it's beyond doubt that if my demons were chased away, my angels would also be a little, well, just a little bit afraid."*

*

It's my old young friend Hervé Ferrage who got me to read *Detour and Access* by the sinologist François Jullien, because he had perceived in Jullien's analysis close affinities between the way Chinese thought and poetry approach the world and my own practice of poetry. Surprising encounters indeed, given my mediocre understanding of things Chinese—however otherwise elucidating the pages of my cousin, Jean-François Billeter, have always been in this field.[1] Encounters that always flatter—of course!—but above all fortify you, as long as you take faith in them.

On this specific point, what is essential is that Chinese thought as well as practical experience are apparently able to get beyond the distinction, even the conflict, between subject and object; an attitude and an approach that could open up access to a space similar to Rilke's "*Weltinnenraum,*" yet in a way that has seemed simpler, more modest, and more natural to me. The radiance of a "beyond" yet on "this side" and of unlimitedness within limits become porous thanks to a sort of absentmindedness or through various detours. (The writer André Dhôtel would not be too remote from this.)

Today, as I read *The Great Image has no Form*, a book that the same author devotes to Chinese painting and, more specifically, to its successive theorizations, I come across these same analogies once again. But I have two qualms: first, that too much systematization, too many "concepts," could also ultimately exist; for example, when an artist painting a tree is enjoined,

---

1 Who recently (I am adding this in 2007), armed with his extensive sinological knowledge and never lacking self-confidence, has bravely begun a critical war with François Jullien—yet this is not what matters here, even if my rapprochement should turn out to be ill-founded.

s'il a tracé une branche courbe, de lui opposer aussitôt une droite (je simplifie, et pourtant . . .), cela, au point que le « souffle-énergie » qui devrait être l'essentiel risque de se figer. Deuxième réserve : il se trouve que, pour n'en avoir vu le plus souvent que des reproductions, mais tout de même, je ne suis pas toujours convaincu par tous ces paysages ; ou que, si j'en admire l'un ou l'autre, ce ne sera pas plus, et plutôt moins, que tant de peintures de notre Occident — y compris celles de la Renaissance — fondées sur des conceptions et des approches du réel tout opposées. Soit que je me trouve trop imprégné moi-même de notre pensée d'ici, soit qu'il se passe quelque chose, dans ces œuvres, qui les fasse s'élever très haut au-dessus de toute théorie préalable. Le mystère de Vermeer, celui de Piero della Francesca, de combien d'autres, n'est-il pas plus mystérieux que celui de ces paysages d'eau et de brumes ?

Comme si le « mystère », la « poésie », le « souffle » s'accommodaient mieux d'une peinture insoucieuse de ces notions, soumise à des règles plus modestes, que d'un art trop obnubilé par elles. Comme si la grande respiration du monde était plus présente dans l'*Orion aveugle* de Poussin que dans bien des œuvres « orientales », ou quelquefois aussi dites « abstraites », qui voudraient n'avoir saisi qu'elle et surtout pas une « histoire », une fable ou un mythe.

*

Rêve. Où je vais au-devant de passants dont beaucoup ont une allure louche, comme s'ils n'attendaient que de vous agresser d'une manière ou d'une autre. Je me rappelle surtout qu'à la fin du cauchemar, deux très petits enfants, ou des nains, le visage masqué, s'élançaient vers moi et que l'un d'eux me mordait sauvagement la main ; sur quoi je lui demandais, plein d'une stupeur attristée, pourquoi il avait fait cela, quel plaisir il avait pu y prendre. Au réveil, je me suis dit qu'aux douleurs qui vous assaillent quelquefois avec l'âge, on ne peut pas poser pareilles questions.

*

À propos d'impressions profondes, des plus profondes qu'aient pu vous faire un spectacle, une rencontre, un événement : la fin du *Mahabharata* mis en scène par Peter Brook à la carrière de Boulbon, en je ne sais plus quelle année :

after he has drawn a curved branch, to immediately place a straight one across from it. (I am oversimplifying, and yet . . .) This runs the risk of stiffening what should be essential, the "breath energy." Second, although I have most often studied only reproductions, it so happens, all the same, that I am not won over by all the landscapes; or that, if I admire one or two in a group of them, then this will be no more, and more likely less, than countless paintings of Western Art—including the Renaissance—that are based on completely opposite conceptions and approaches to reality. Either I am myself too impregnated by Western thought or something happens in those works of art that makes them soar well above any preliminary theory. Is not the mystery of Vermeer, Piero della Francesca, and so many others not more mysterious than that of those watery, misty landscapes?

As if "mystery," "poetry," and "breath" better suited painting that was heedless of these notions and subject to more modest rules than an art overly obsessed with them. As if the world's great respiration was more present in Poussin's "Blind Orion" than in numerous "Oriental" and, sometimes likewise, so-called "abstract" paintings that endeavor to grasp only this and by no means any "story," fable, or myth.

*

Dream. In which I walk in front of passersby many of whom have a suspicious look as if they were merely waiting to aggress you in one way or another. I especially remember that at the end of the nightmare, two very small children, or dwarfs, whose faces were masked, rushed toward me and that one of them wildly bit my hand; upon which, full of saddened astonishment, I asked him why he had done this, what pleasure he had gotten from it. When I awakened, I told myself that you cannot ask similar questions of the pains that sometimes assail you in old age.

*

In regard to deep impressions, the deepest ones that a play, an encounter, or an event had given you: the end of *The Mahabharata*, staged by Peter Brook in the Carrière de Boulbon. I no longer remember what year:

les lumignons qui flottent sur l'eau, la beauté des femmes accroupies au bord et la musique qui s'élève comme pour dire une paix souveraine enfin conquise après la violence des combats — eux-mêmes admirablement transfigurés.

Sur quoi me revient à l'esprit le petit poème, si beau, de Goethe (dont Musil se sert dans un essai pour montrer l'importance de la place des mots dans les vers) : « St. Nepomuks Vorabend », daté de Carlsbad, 15 mai 1820 :

> « *Lichtlein schwimmen auf dem Strome,*
> *Kinder singen auf der Brücken . . .* »

La première impression en est notée par Goethe dans son Journal aux dates du 15 et du 19 mai : « *Soir* [...] *Lumignons flottants en l'honneur de saint Népomucène, le saint illuminé. Chant sur le pont.* » (Suit cette explication de l'éditeur : « *En l'honneur de saint Népomucène, mort noyé dans la Moldau en 1393 après une querelle avec le roi Wenzl IV, l'usage était de confier au courant du fleuve des bateaux de papier portant des bougies allumées.* » Il ajoute que la légende raconte que le saint aurait refusé au roi de trahir le secret de la confession pour ne pas être contraint de lui révéler les péchés de la reine.)

Dans l'un et dans l'autre cas, c'est le beau mariage de l'eau et du feu et, pour élever tout cela vers le plus haut ciel, la musique, le chant, les cloches. S'y ajoute, chez Goethe, le lien entre les lumignons et les étoiles — la fête célébrant l'ascension d'une âme très pure.

Formes de la suprême paix rêvée.

*

Chateaubriand. Relu les Mémoires d'outre-tombe. Le chapitre 7 du 31ᵉ livre, qui évoque la fête donnée par l'ambassadeur dans les jardins de la villa Médicis en l'honneur de la grande-duchesse Hélène, est admirable de bout en bout ; et je ne puis le relire sans penser au climat du *Père humilié* de Claudel, sans croire que le premier ambassadeur ait influencé le second : « *J'ai bien de la peine à me souvenir de mon automne, quand, dans mes soirées, je vois passer devant moi ces femmes du printemps qui s'enfoncent parmi les fleurs, les concerts et les lustres de mes galeries successives : on dirait des cygnes qui nagent vers des climats radieux.* »

the little lights floating on the water, the gracious women crouching at the water's edge, and the music rising as if to express a sovereign peace at last won after the violent battles—which were also admirably transfigured.

Whereupon comes to mind the short, beautiful poem by Goethe that Musil used in an essay for illustrating the importance of word order in verse: "St. Nepomuks Vorabend," dated 15 May 1820, in Karlsbad:

> "*Lichtlein schwimmen auf dem Strome,*
> *Kinder singen auf der Brücken . . .*"

Goethe notes his first impression in his *Journal*, on the 15th and 19th of May: "*Evening (. . .) Little lights floating in honor of Saint John of Nepomuk, the illuminated saint. Singing on the bridge.*" (The editor's annotation follows: "*As a tribute to Saint John of Nepomuk, who was drowned in the Vltava River in 1393 after a quarrel with King Wenceslaus IV, the custom was to sail paper boats carrying lighted candles in the current of the river.*" The editor adds that, according to this legend, the saint had refused to divulge the secrets of the confessional to the king in order not to reveal the queen's sins.)

In both cases, it is a beautiful wedding of water and fire, lifted up to the highest heaven by means of music, song, and bells. Goethe adds the link between the little lights and the stars since the feast day celebrates the ascension of a very pure soul.

Forms of the imagined supreme peace.

*

Chateaubriand. Reread the *Mémoires d'outre-tombe*. The seventh chapter of the thirty-first book, which evokes the party given by the ambassador in the gardens of the Villa Médicis in honor of the grand duchess Helen, is admirable from beginning to end; and I cannot reread it without thinking of the atmosphere of Claudel's *Père humilié*, without believing that the former ambassador influenced the latter: "*I indeed have trouble recalling that autumn when, in the evening, I watch passing in front of me those spring-like women who disappear amid the flowers, concerts, and chandeliers of my successive galleries: they seem to be swans swimming toward beauteous climes.*"

Et plus loin, ces lignes du voyage à Prague : « *Si Prague était au bord de la mer, rien ne serait plus charmant ; aussi Shakespeare frappe la Bohême de sa baguette et en fait un pays maritime* » . . . C'est dans *Le conte d'hiver*, pièce entre toutes envoûtante de la fin de sa vie ; et me voilà reconduit du coup vers l'un des plus beaux poèmes d'Ingeborg Bachmann, « La Bohême est au bord de la mer » :

« *Venez à moi, vous tous Bohémiens, navigateurs, filles des ports et navires jamais ancrés. Ne voulez-vous pas être Bohémiens, Illyriens, gens de Vérone, et vous tous Vénitiens ? Jouez ces comédies qui font rire et qui sont à pleurer* » . . .

*

Et justement : les poèmes retrouvés d'Ingeborg Bachmann sont d'une tristesse à peine soutenable — et telle qu'en fin de compte ils n'ont pas pu devenir des poèmes. Malgré ou à cause de cela, il en est de poignants. Mais la magicienne n'avait plus qu'une baguette brisée entre les doigts.

And further on, these lines about his trip to Prague: "*If Prague were at the seaside, nothing would be more charming. Shakespeare thus touches Bohemia with his magic wand and makes a coastal country out of it . . .*" This is in *The Winter's Tale*, a most bewitching play penned at the end of his life; and here I am suddenly drawn back to one of Ingeborg Bachmann's most beautiful poems, "Bohemia Lies By The Sea:

"*Come here, all you Bohemians, seafarers, dock whores, and ships unanchored. Don't you want to be Bohemians, all you Illyrians, Veronese and Venetians. Play the comedies that make us laugh until we cry . . .*"

*

And indeed: Ingeborg Bachmann's posthumously discovered poems are almost unbearably sad—sad in such a way that they could not ultimately become poems. Despite or because of this, there are some poignant ones. But the magician had only a broken wand in her hand.

Venue du beau temps. Le géranium « herbe à Robert » avec ses très petites et presque banales fleurs rouges portées par des tiges à la fois frêles et droites, voilà qui vous parle encore un peu tout de même. Comme si les derniers signes devaient venir du plus insignifiant.

*

Dans le récit de voyage d'Ibn Battûta en Égypte, cette belle citation à propos du Nil, du poète Nâsir ad-dîn ben Nâhid :

« Les vents qui soufflent sur les eaux le font ressembler à une cotte de mailles
Que la lime de David n'a pas entamée.
L'air qui y souffle est si fluide que l'homme qui s'est dépouillé de ses vêtements tremble.
Les navires qui circulent sur le fleuve sont comme des astres montants et descendants. »

(David se trouve cité là en référence à la sourate du Coran « Les Prophètes » : « *Nous avons contraint les montagnes et les oiseaux à nous célébrer avec David, oui, nous les y avons contraints. Nous lui avons appris à fabriquer des cottes de mailles qui vous protègent contre les coups. En savez-vous gré ?* »)

*

Les églantines, si brèves, si claires, presque impondérables, et pour lesquelles on donnerait tous les rosiers du monde ; cependant qu'on écoute le dernier essai de chant d'un rossignol fatigué ou désabusé, comme une fusée qui ferait long feu.

*

The coming of good weather. The herb-Robert geranium with its tiny, almost ordinary red flowers atop straight, frail stems. Now here is something that still has a little to say to you. As if the last signs had to come from what is most insignificant.

*

In Ibn Battuta's tale of his travels in Egypt, this beautiful quotation about the Nile, written by the poet Nasir al-Din ibn Nahid:

"The winds blowing on its waters make it look like a coat of mail that David's file had not worn down.
The air that blows there is so fluid that a man stripped of his clothing shivers.
The boats sailing on the river are like rising and sinking stars."

(David is quoted here in reference to the Koran sura "The Prophets": "*And we subjected the mountains and the birds to glorify our praises along with David. And it was we who were the doers of all these things. And we taught him the making of metal coats of mail, to protect you in your fighting. Are you then grateful?*")

*

Short-lived, clear-colored, almost unfathomable dog rose flowers for which you would give all the roses in the world while you are listening to the final attempt of a weary or disillusioned nightingale to sing—like a rocket fizzling out.

*

(Noté en hâte, le 22 novembre : « Feu de feuilles — figuier — ciel cristallin — lune — comme voix féminine haut dans l'air — fumée » ; choses qui sont passées dans *Airs* autrefois mais qui donc, par instants, me reparlent. Est-ce pure paresse, ou fatigue, que de ne plus pouvoir leur donner forme ?)

*

Noté, dans le texte des *Vêpres* de Monteverdi :

> « *Quae est ista,*
> *quae consurgens ut aurora rutilat,*
> *ut benedicam ?* »

(Bénir, précisément, c'est cela qu'il faudrait pouvoir faire encore.)

Plus loin, ces versets du Psaume 147, tels que traduits dans la Bible de Jérusalem :

> « *Il envoie son verbe sur terre,*
> *rapide court sa parole ;*
> *il dispense la neige comme laine,*
> *répand le givre comme cendre.* »

(Jotted down in haste, on the 20th of November: "Bonfire of leaves—fig tree—crystal-clear sky—moon—like a female voice high in the air—smoke"; things that entered into my book *Airs* back then yet that therefore occasionally still speak to me. Is it out of pure laziness, or weariness, that I cannot give a form to them any more?)

*

Noticed these lines in the libretto of Monteverdi's *Vespers*:

"Quae est ista,
quae consurgens ut aurora rutilat,
ut benedicam?"

(To bless, indeed, this is what it would be good to still be able to do.)

Farther on, these verses from Psalm 147 as translated in the Bible of Jerusalem:

"He gives an order;
his word flashes to earth:
to spread snow like a blanket,
to strew hoarfrost like ashes."

Pour le faire-part de décès de ma sœur, survenu dans la nuit du 20 au 21 janvier 2005 à Genève, j'ai suggéré, puisque les emprunts traditionnels à la Bible ne sont décidément plus de rigueur, ce haïku d'Issa :

> « *Le vent d'automne*
> *Oh comme elle aimait*
> *cueillir ces fleurs rouges* »

qui m'a semblé convenir tant à son courage qu'à sa modestie.

*

Un des quelques poèmes de Tomas Tranströmer, généralement brefs, miraculeusement postérieurs au « coup de hache » de la maladie qui l'a frappé après notre première rencontre, en 1989, à l'occasion du prix Pétrarque :

AU MILIEU DE L'HIVER

> « *Une lumière blême*
> *jaillit de mes habits.*
> *Solstice d'hiver.*
> *Des tambourins de glace cliquetante.*
> *Je ferme les yeux.*
> *Il y a un monde muet*
> *il y a une fissure*
> *où les morts passent la frontière*
> *en cachette.* »

*

For the announcement of my sister's death, which occurred during the night of the 20th and 21st of January 2005 in Geneva, I suggested this haiku by Issa since the traditional borrowings from the Bible are obviously no longer acceptable:

*"The autumn wind
Oh how she loved
To gather red flowers."*

This seemed to suit her courage as much as her modesty.

*

One of a few poems by Tomas Tranströmer that are usually short and miraculously posterior to the "hatchet chop" of the illness with which he was stricken after our first encounter, in 1989, during the awarding of the Petrarch Prize:

IN MID-WINTER

*"A blue glow
Streams out from my clothes.
Midwinter.
A clinking tambour made of ice.
I close my eyes.
Somewhere there's a silent world
And there is an opening
Where the dead
Are smuggled over the border."*

*

Oiseaux traversant la neige qui fond avant même de se poser. Pluie que le froid change en laine éparse. Treillis devant le paysage pauvre de l'hiver.

*

Nos téléphonages d'amis à amis, désormais : un instant m'est venue l'image de naufragés qui, chacun dans sa geôle d'eau, se communiqueraient la hauteur, plus ou moins lentement décroissante, de la partie encore émergente de leur corps. Puisqu'ils peuvent se parler, c'est que la tête au moins surnage ; chacun sait que ce ne sera pas pour si longtemps.

Sans doute est-ce dans ces conditions désastreuses qu'il faut réaffirmer ce qu'on aura vu dans l'ordre de la lumière avant la catastrophe.

*

Avec le vent déchaîné d'aujourd'hui, les feuilles usées, rouillées, montent et tourbillonnent comme les braises éparpillées d'un feu ; et croisent des oiseaux que les premiers froids rapprochent déjà des maisons.

*

Un effort, in extremis, pour se rejoindre, sur le fond d'or du froid dans les feuillages : on n'y peindra plus d'icônes, mais peut-être autre chose, une autre espèce de visage, ou seulement quelques signes de vie, et même s'il s'écaille.

*

Birds flying through snow melting even before it touches the ground. Rain changed by the cold into strands of wool. A trellis in front of the impoverished winter landscape.

*

From now on, our telephone calls from one friend to the next: for a moment the image came to me of shipwrecked sailors who, each in his watery jail, were communicating the more or less slowly sinking height of the still visible part of their bodies. Because they can speak to each other, at least the head still floats above water; everyone knows that it will not go on much longer.

In these disastrous conditions, you probably should reassert what you will have seen, in the order of light, before the catastrophe.

*

The raging wind today makes worn-out rusty-colored leaves fly up and swirl like the scattered embers of a fire; and cross the flights of birds that have already neared houses because of the first cold spells.

*

In extremis, an effort to come together against the golden backdrop of the cold in the leaves: no more icons will be painted here, but perhaps something else, another kind of face, or only a few signs of life, and even if the golden paint flakes off.

*

Le fusain en fleur, tout à coup, dans le froid de l'hiver, cet étrange appariage de couleurs : rose et orange, plutôt rare, la forme même de ces fleurs, comme pour une fête ou un jeu ? Et la mousse humide sur les grands rochers couchés.

*

À ma fenêtre, quelques grands bancs de nuages clairs filent vers le sud, laissant passer le soleil qui fait miroiter les dernières feuilles des arbres ; entre eux, le bleu très pâle du ciel.

*

Salut à l'or éparpillé du crépuscule d'hiver,
aux dernières feuilles qui se détachent des arbres, à leurs branches éclairées qui bougent.

Feuillages qui s'apaisent avant la nuit, portant l'espace — comme tous ces oiseaux cachés dans le grand laurier commencent enfin à se taire. Le ciel cependant s'est éclairci, a presque perdu couleur, sauf près de la terre où il est encore un peu rose ; il n'est plus du ciel, il est ce qui ne fait plus obstacle à rien, ce qui ne pèse pas, il n'est au mieux que de l'air que les derniers nuages en mouvement ne troublent même pas — tandis que la montagne lointaine devient elle aussi nuage, mais en suspens, immobile. Et qu'est-ce alors que l'étoile qui soudain scintille au couchant ? Un ornement de l'air pour une oreille, un cou, un poignet cachés ? Un signe en route vers nous autres du fond sombre du temps ? Une braise qui aurait subsisté d'un feu immémorial ? Ne l'ennuageons pas de trop de mots, fussent-ils les plus clairs qui viennent à l'esprit ! Effaçons-les plutôt sans attendre. Qu'il ne reste plus qu'une abeille précédant l'essaim de ses sœurs.

The spindleberry bush in sudden bloom, in the winter cold; the strange matching of the colors—pink and orange—which is rather rare—and the very shape of the flowers as if for festivities or games? And the moist moss on the big boulders lying there.

*

At my window: a few sheer cloudbanks dashing to the south, letting the sun shine through and shimmer on the last leaves left on the trees; between the cloudbanks, the pale blue of the sky.

*

Greetings to the scattered gold of the winter twilight,
    to the last leaves falling from the trees, to their branches moving in the final rays of the sun.

Foliage quieting before nightfall, upholding space—even as all those birds hidden in the tall bay tree also begin calming down at last. Yet the sky has become clearer, losing almost all its color, except near the earth where it remains a little rose; no longer sky, it is now what no longer hinders anything; weightless, at most air undisturbed by the last moving clouds—while the distant mountain also becomes an image, suspended, motionless. And what, then, is this sudden twinkling star where the sun is setting? An ornament of the air for a hidden ear, neck, or wrist? A sign traveling to us from the dark background of time? An ember left over from an immemorial fire? Let us not becloud it with too many words, even if the most lucid ones come to mind! Erase them instead, right away. May a single remaining bee precede the swarm of its sisters.

*

Le soir, neige sur la Lance, blanche, puis rose, puis grise à la cime de la montagne bleue — une fois encore. Le bel hiver, tendre et cristallin — l'éloignement du jour pour que s'allument les lampes, l'effacement du rideau, du voile qui cachait la nuit.

*

La chatte (dont il a bien fallu abréger les jours) : le silence total de ses pas, où qu'elle allât — passages d'une ombre lumineuse, pour nous en partie absente, comme prise dans un rêve tranquille, avec peu de cris et ceux-ci, les derniers temps, de plus en plus brefs et faibles. Avec, plusieurs fois par jour, des rites presque horlogers, dès le réveil ; et l'attachement, tout de même, qu'elle suscite et dont elle fait si discrètement preuve en retour : une petite âme tout de même, visiblement inquiète ou boudeuse au moment de nos rares départs. À la campagne, l'été, cet autre rite, indépendant de nous celui-ci : d'aller, au coucher du soleil, presque immanquablement s'allonger sur le même rocher, face au soleil, comme pour profiter encore de sa chaleur. Une petite âme en chaussons de fourrure, peu de chose, mais tout de même.

*

Couleurs du ciel hier soir, sous des nuages de cendre et de neige pesants comme des montagnes : du rose, du jaune et du vert ; plus exactement, du presque rose, de l'à peine jaune et de l'à peine vert, des bandes de soie superposées de la nuance la plus délicate, transparente, doucement lumineuse avant l'obscurité — des fleurs allongées côte à côte avec soin dans un cageot invisible — une muette invitation à rejoindre Flore à l'horizon.

*

Evening. Snow on the Lance, first white, then rose, then gray at the summit of the blue mountain—once again. Winter at its most beautiful, tender, crystalline—daylight fading away so that lamps can be lit: the effacing of the curtain, of the veil concealing the night.

*

The cat: we had to put her out of her suffering. The total silence of her paws, wherever she was going—a luminous shadow passing by, partly absent as far as we were concerned, as if caught up in a quiet dream, meowing little and, lately, ever more weakly and briefly. With almost clocklike rituals several times a day as soon as she awoke; and all the same, the attachment that she fostered and that she discreetly showed in return: a little soul, all the same, visibly worried or sulky upon our rare departures. In the countryside during the summer, that other ritual, independent of ourselves: at sunset, almost without fail, to go and stretch out on the same boulder, facing the sun, as if to make the most of its heat. A little soul in fur slippers. Not much of a thing, but all the same.

*

Yesterday evening, colors of the sky beneath ash-colored snow clouds looming heavily like mountains: rose, yellow, green; more precisely, an almost rose, a barely yellow, and a barely green; superposed silken strips of the most delicate transparent hues, softly luminous before darkness fell—flowers carefully laid side by side in an invisible crate—a silent invitation to go and meet Flora at the horizon.

*

La pleine lune au-dessus de la Lance enneigée : lune de la même « couleur » que la neige, de la même matière qu'elle, comme si elle en était un fragment envolé. Cela ne lave pas les taches de sang, pas mieux que ne l'ont jamais fait « tous les parfums d'Arabie ».

*

Les jours ont cessé de raccourcir. C'est quelque chose qui aide immanquablement à revivre, comme une petite cuillerée de lumière de plus ; ou, plus noblement, comme le soulèvement d'une dalle, imperceptible.

C'est aussi comme si l'on s'élevait de quelques mètres au cours de sa marche, pour voir un peu plus loin devant soi.

The full moon above the snow-covered Lance: a moon with the same "color" as the snow, made of the same matter as if the snow on the mountain were a piece fallen off the moon. This does not wash away bloodstains, no better than did "all the perfumes of Arabia."

*

The days are no longer getting shorter. This inevitably helps us to revive ourselves, like an extra little spoonful of light; or, more nobly, like the imperceptible raising of a stone slab.

It is also as if one rose a few meters during a walk, in order to see a little farther ahead.

(Ce peu de bruits qui parviennent encore jusqu'au cœur, cœur de presque fantôme.

Ce peu de pas risqués encore vers le monde dont on dirait qu'il s'éloigne, quand c'est plutôt le cœur qui le fait, de mauvais gré.

Pas de plainte là-dessus toutefois, rien qui couvrirait les ultimes rumeurs ; pas une seule larme qui brouillerait la vue du ciel de plus en plus lointain.

Paroles mal maîtrisées, mal agencées, paroles répétitives, pour accompagner encore le voyageur comme une ombre de ruisseau.)

(These slight noises that still reach the heart—the heart of a near ghost.

These slight footsteps ventured toward the world, which seems to be moving away, when it is instead the heart that is retreating, reluctantly.

No complaining about that, however, nothing that would drone out the ultimate whispers; not a single tear that would blur the sight of an ever more distant sky.

Ill-controlled, ill-arranged words, repetitive words, in order to keep accompanying the traveler like a shadow of stream.)

COULEUR DE TERRE

EARTH COLOR

Chemins, taches rousses des sédums, lianes des clématites sauvages, chaleur du soleil couchant.

(Noté d'abord cela, pour ne pas oublier l'intensité singulière de ces instants.)

Aussitôt après :

Ces taches rousses sur les rochers — comme on parle de la lune rousse —, comme des morceaux de toison, de la toison du soleil couchant ; et puis ce lien entre chemins et chaleur, une chaleur émanée du sol ; et le chemin, une sente plutôt qu'un chemin, « la sente étroite du Bout du Monde », mais justement pas du Bout du Monde : d'ici, de tout près, sous les pas. (Non dans un livre.) Tendre trace silencieuse laissée par tous ceux qui ont marché là, depuis très longtemps, trace des vies et des pensées qui sont passées là, nombreuses, diverses, traces de bergers et de chasseurs d'abord — et il n'y a pas si longtemps encore —, puis de simples promeneurs, d'enfants, de rêveurs, de botanistes, d'amoureux peut-être . . . Le temps humain qui inscrit ses lignes souples dans le sol.

Et presque tout de suite, presque en même temps, la stupeur. Stupeur n'est pas trop dire, si l'on peut concevoir une stupeur tranquille, calme, sans aucune crispation, sans éclat, sans bruit : stupeur, soudain, intime, d'être là, d'avoir part, d'avoir droit à cette chaleur de la terre — avec pour seules compagnes les lianes de la clématite sauvage où l'on pourrait se prendre les pieds, et la serratule, la fidèle mendiante rose des fins d'été.

Il y a là quelque chose d'absolument, de parfaitement incompréhensible — ou du moins qui est ressenti immédiatement comme tel, non pas douloureusement, mais, tout au contraire, presque joyeusement ; presque, hors de toute pensée, avec gratitude.

Nommer cette impression « plaisir » l'eût rendue trop légère et trop gracile ; « bonheur » en eût fait quelque chose de sentimental, de trop domestique et de trop moral ; parler de « joie » : peut-être, si le mot n'eût entraîné l'esprit vers le religieux, le solennel, le grandiose même.

Paths, auburn sedum patches, wild clematis vines, the heat of the setting sun.

(Jotted this down so as not to forget the exceptional intensity of those moments.)

Just afterwards:

These auburn patches on the rocks—even as one speaks of an auburn moon—like bits of fleece, the fleece of the setting sun; and then this association of paths and heat, a heat rising from the ground; and the path itself, in fact narrower than most paths, "The Narrow Path to the Deep North," but indeed not to the Deep North or the End of the World: to here, what is nearest, underfoot. (Not in a book.) Silent, tender tracks left by all those who have walked here for such a long time, the tracks of the many diverse lives and thoughts that have passed through here, initially shepherds and hunters—and that was not so long ago—, then simple strollers, children, dreamers, botanists, perhaps lovers . . . Human time engraving its flexible lines in the ground.

And almost immediately, almost at the same time: amazement. This is no exaggeration if you imagine a quiet, calm amazement without the slightest tension, fuss or commotion: a sudden inner amazement at being here, at taking part in, at being entitled to, this heat from the earth, while your only companions are the wild clematis vines in which your feet could get entangled, and sawwort, the faithful rose beggar-woman who appears at the end of summer.

In all this lies something absolutely, completely incomprehensible—or at least something immediately sensed as such, not painfully but rather, on the contrary, almost joyfully; almost, without even thinking about it, with gratitude.

To call this impression "pleasure" would have made it too light-hearted, too fragile; "happiness" would have suggested something sentimental, too homey and moral; to speak of "joy"?—perhaps, if this word did not induce thoughts of religion, solemnity, even grandiosity.

Le sûr, c'est qu'il s'agissait d'une impression d'heureuse plénitude, extrêmement intense tout en restant bizarrement calme, plus bizarrement encore comme imperceptible : on aurait presque pu ne pas en prendre conscience.

Et pourtant, continuant à essayer d'approcher ce tout petit, ce bref événement, je me suis dit qu'il s'agissait d'une sorte de heurt intime contre de l'incompréhensible absolu, et ce heurt si l'on peut ainsi dire redoublé : parce qu'il semblait parfaitement incompréhensible que ce fût incompréhensible à ce point : tout bonnement d'être là, dans ce lieu et ce moment-là, vivant, à coup sûr, ne rêvant pas, au milieu de choses toutes aussi indubitables les unes que les autres dans leur relative insignifiance et leur mutisme.

Un semblant de « révélation », si l'on veut (à la rigueur), accordée, octroyée au vieil ignorant que l'on est.
Et pour que cela se fût produit, nul besoin de drogues ; ni d'ascèse, ni de transgression, ni d'excès d'aucune sorte (pas de violence, mais n'était-ce pas trop facile ?) ; nul besoin d'aller ailleurs, de chercher loin, de gravir quoi que ce soit du genre escarpé, périlleux, sublime.
Ni transe, ni extase, ni cri, ni prière, ni rituel ; même pas une seconde de méditation. Pas de dépouillement, pas de sacrifice. (C'est peut-être avouer le peu de sérieux de tout cela.)

Il n'y avait là rien qu'un mince chemin de terre couleur de terre, de ces sentes qui souvent se perdent dans le maquis, sous les chênes. De chaque côté, de petits arbres plutôt rabougris, revêches quelquefois, quelquefois couverts de très vieilles mousses comme d'une couche de cendre, en parfait accord avec les rochers parmi lesquels ils avaient poussé non sans peine ; des arbres dont le feuillage entre vert sombre et gris pâle n'était guère enclin à frémir. Et encore, épars çà et là, des ossements de bois mort qui m'ont fait penser à la vallée de Josaphat, dans la Bible. Et presque plus aucune fleur, même petite ; rien que ces taches rousses des sédums sur les rochers comme les restes d'un feu à ras du sol. À ce moment-là, pas un seul oiseau.

What is certain is that you experienced an impression of happy plenitude, an extremely intense yet at the same time bizarrely calm impression; and all the more bizarre in that it was imperceptible: you could almost have remained unaware of it.

And yet, as I continued to try to get closer to this brief, very minor event, I told myself that it was a sort of inner collision with the incomprehensible absolute; and that this collision occurred twice, as it were: it was because it seemed completely incomprehensible that it was so incomprehensible: quite simply to be here in this place and at this moment, definitely alive, not daydreaming, amid things each of which was as indubitable as the next in its relative insignificance and silence.

A semblance of "revelation," if you will (if need be); that is, granted to, bestowed upon, this old ignoramus.

And in order for this to have happened, no need for drugs; nor asceticism, nor a transgression, nor any kind of excess (no violence, but wouldn't that have been too easy?); no need to journey elsewhere, to seek afar, to ascend anything steep, perilous, or sublime.

No trance, ecstasy, outcry, prayer, or ritual; not even a second of meditation. No deprivation, no sacrifice. (Which is perhaps to avow how much seriousness all this lacks.)

There was nothing but a narrow earth-colored footpath, one of those that often dwindle out in the underbrush, beneath the holm oak trees. On each side small trees—stunted, sometimes prickly, sometimes covered with very old moss like a coat of ashes, and in perfect harmony with the boulders amid which they had struggled to grow; trees whose leaves, ranging in color between dark green and light gray, were hardly inclined to quiver. And scattered here and there as well, bone-shaped dead wood making me think of the Valley of Jehoshaphat in the Bible. And almost no flowers anymore, even tiny ones; nothing but these auburn sedum patches on the boulders like the remains of a ground fire. At that moment, not a single bird.

Quelques insectes dont le bruit était un peu semblable à celui du bois qui craque en brûlant.

Mais l'admirable, ce qui avait déclenché cette impression de plénitude aussi intense et profonde qu'énigmatique, c'était la chaleur qui montait de ces chemins comme l'eût fait, à une autre saison, de la brume, chaleur couleur de terre elle aussi, parce qu'en quelque sorte tout était de terre en ces instants ; moins comme une caresse que comme une bonté silencieuse, sans nom ; sans visage et sans même un cœur.

Je n'ai pas cru, alors — ou plutôt : je n'ai pas imaginé, ensuite, que mes défunts parents ni un seul de mes amis morts soient nichés quelque part dans l'air autour de moi (les vivants, eux, n'étaient heureusement jamais très loin.)

Je me suis rendu compte aussi que, pour m'aider à dénouer l'énigme, j'aurais perdu mon temps à convoquer des fées, des sorcières, des satyres ou des nymphes. J'aurais seulement trouvé leur intervention éventuelle plutôt cocasse, encombrante et, pour tout avouer, théâtrale. Même le passage d'Ariel, si lumineux qu'on le rêve, là où volaient les autres soirs plutôt des corneilles ou des geais à la voix grinçante, m'aurait paru factice.

Et les anges eux-mêmes, eussent-ils été les plus invisibles et les plus purs de leur ordre, ne m'auraient pas aidé à élucider l'énigme couleur de terre, l'énigme à la chaleur de pain sortant du four comme le soleil se couchait.

Il faut encore le préciser : je n'ai pas, ce soir-là, senti le sol trembler et encore moins se fendre sous mes pieds pour m'annoncer la fin imminente du monde ; pas plus que, si j'avais levé les yeux, je n'aurais vu les cieux s'ouvrir et y trôner les Vingt-quatre Vieillards dont parle l'Apocalypse, si beaux, si grands, si vénérables qu'ils puissent être.

A few insects whose chirping was somewhat similar to the crackling of burning wood.

But what was admirable, what triggered this impression of plenitude that was as deep and intense as it was enigmatic, was the heat rising from those footpaths as mist would have risen in another season; a heat that was also earth-colored because everything, as it were, was earthen in those moments; resembling less a caress than a silent, nameless, faceless, even heartless goodness.

I did not then believe—or rather: I did not subsequently imagine that my dead parents or any of my dead friends were nestled somewhere in the surrounding air. (As for the living, they were fortunately never far away.)

I also came to understand that soliciting fairies, witches, satyrs or nymphs to help untangle this enigma would have wasted my time. Their actual presence would have seemed only somewhat comical, bothersome and, admittedly, theatrical. Even the arrival of an Ariel as luminous as she is in our dreams would have appeared artificial in a place where it was rather crows and jays with their grating cawing that flew around in the evening.

And even the purest, most invisible members of the order of angels would not have helped me to clear up the earth-colored enigma, an enigma warm like fresh-baked bread as the sun was setting.

Let me specify something else: that evening, I did not feel the ground quake and, even less, crack open beneath my feet as an announcement of the imminent end of the world; no more than I would have seen, had I raised my eyes, the heavens opening and the Four and Twenty Elders of the Book of Revelation sitting on their thrones up there, however handsome, great and venerable they might be.

(Il se trouve pourtant que j'ai pensé à ces choses — trop grandes pour moi — presque aussitôt après mon retour de promenade.)

Ce qu'il y avait eu là non pas devant moi ou autour de moi, mais dans l'amalgame de moi et de ce morceau du monde, avait été peut-être la plus grande densité d'incompréhensible contre laquelle j'eusse jamais buté — avec presque de la jubilation.

Ou faut-il imaginer que l'incompréhensible était comme un ciment qui nous aurait liés ensemble quelques instants ?

Chemins imprégnés de la vie de ceux qui les avaient lentement tracés, chemins écrits par le temps sans aucune violence dans la terre, ainsi que l'eau ailleurs en creuse avec patience et sans blessures.

Ici et maintenant, dans l'épaisseur de l'énigme, dans sa chaleur, dans son silence : un vieil homme parfaitement et irrévocablement ignare, et qu'on voit donner congé aux fées, congé aux anges, congé aux Vingt-quatre Vieillards de saint Jean. Lui-même partie prenante de l'énigme dans sa plus grande densité et qui sait s'il ne devrait pas effacer aussi ce mot — afin de mieux recevoir cette bonté venue de la terre couleur de terre, couleur de soleil bientôt couché, couleur de feu très ancien ?

Mais encore — cela ne me revient à l'esprit que maintenant — : j'avais alors pour toute compagne visible une serratule dont la fleur hésite entre le rose et le mauve, maigre, haillonneuse — et c'était un peu comme si une étoile sans nom et sans éclat avait décidé de se faire mendiante à côté de nous en chaque fin d'été.

(Yet it so happens that, almost immediately upon my return from the walk, I thought of these things that surpass me.)

What had been there, not in front of me or around me but rather in this strange mixture of me and this bit of the world, was perhaps the densest example of the incomprehensible that I have ever run up against—almost with jubilation.

Or should I imagine that the incomprehensible was like a cement that had held us together for a few moments?

Paths permeated with the lives of those who slowly opened them up, paths etched in the earth by time without the slightest violence, even as water elsewhere forges paths with patience, without wounds.

In the here and now, in the depth of this enigma, in its heat, its silence: an old man who is perfectly and irrevocably ignorant, and whom we watch dismissing fairies, angels, and Saint John's Four and Twenty Elders. Himself a party to the enigma in its greatest density. Who knows whether he should not erase this word as well, so as to better receive this goodness coming from an earth that is indeed earth-colored, sunset-colored, colored like a very ancient fire?

And yet—this has just come to mind: my only visible companion was a saw-wort whose scrawny, frayed flower is somewhere between rose and mauve in color. It was a little as if a dull nameless star had decided to become a beggar alongside us at the end of every summer.

NOTES

NOTEBOOK OF GREENERY

The Cherry Tree

Tantalus was the son of Zeus and the nymph Plouto. As a punishment, he was forced to stand in water underneath a fruit tree. Whenever he reached up for a piece of fruit, the branch rose beyond his grasp. Whenever he bent down to drink, the water receded.

Notebook of Greenery

BLAZON IN GREEN AND WHITE

Dante's *La vita nuova* (ca. 1283–1293) evokes love and mystical love. The passages cited are in my translation.

Claudio Monteverdi (1567–1643), the Italian composer.

Mermod edition: a French translation by Jaccottet of a first version of Hölderlin's unfinished novel, *Hyperion* (1799), the *Thalia Fragment* that Schiller had published in his literary review. The translation of the entire novel was then published by Mercure de France in 1965, and republished in 1973 as a Gallimard-Poésie paperback edition.

The Italian artist Botticelli (1445–1510) painted "Spring" in 1478; it is housed in the Uffizi Gallery in Florence.

Paul Verlaine's "Gaspard Hauser chante," from *Sagesse* (1880); the poem begins: "Je suis venu, calme orphelin."

For the translation of passages in Cervantes's *Don Quixote* (1605–1615), I have used John Ormsby's version (Volume 1, Part 4, Chapter 9).

Leopardi (1798–1837), the Italian poet and philosopher.

Wolfgang Amadeus Mozart (1756–1791) wrote his opera *Don Giovanni* in 1787.

The Lady of Eguchi was written by the poet Saiygo (1118–1190).

ASCENDING THE STEPS

The Lance (elevation 1340 m.) is located in the Drôme, near Grignan, where the poet lives.

"Magnificat amina mea (Dominum)": The words are spoken by the Virgin Mary to her cousin Elizabeth, who is pregnant with John the Baptist. "And Mary said, My soul doth magnify the Lord, And my spirit hath rejoiced in God my Saviour . . ." (Luke 1: 46–55).

Buffon (1707–1788), the French naturalist.

Jaccottet evokes the Biblical story of Lazarus (John 11 and elsewhere) and sees the dead man as lying in a "cuve de pierre", which I have translated here as "stone vat."

BRIGHT BITS OF AUGUST

"Legless lizard". The "orvet" (anguis fragilis) is a legless lizard that is usually rendered as "blindworm" or "slowworm" in English.

Mount Ventoux (elevation 1912 m.) is a famous mountain located in the Vaucluse, visible from Grignan. It has often been evoked in literature, beginning with Petrarch's account, in a letter, of ascending the mountain with his brother in 1336.

"The remote hidden female body." I have feminized "le corps lointain, caché" in accordance with Jaccottet's remarks in an annotated translation manuscript sent back to me on 28 October 2008.

The "spouses' chamber" refers to Andrea Mantegna's cupola (1467–1474) in trompe-l'oeil, in the Castle of San Giorgio in Mantova.

FRAGMENTS STIRRED UP BY THE WIND

"Thunder cracking / the firmament today." The poem evokes Giorgione's "Storm" (Gallerie dell'Accademia, Venice), 1502–1503.

"Ne'er had the shepherds . . ." A translation, by J. H. Wiffen, of the First Eclogue by Garcilaso de la Vega (1539–1616). See *The Works of Garcilaso de la Vega* (Hurst, Robinson & Co., 1823).

As Jaccottet recalls in his postface to the 1991 Fata Morgana re-edition of *Requiem*, this long poem in several sections was written in 1945 or 1946 and first published in Lausanne, in 1947, by Mermod. I have translated the French "fontaine" here by "trough" because the poet refers to the typical wooden troughs found in the Alps. Water is channeled into the trough so that animals can drink.

APPARITION OF FLOWERS

The adjectives "ignorant, imbecilic" refer to Jaccottet's "L'Ignorant", the title poem of his book *L'Ignorant* (Gallimard, 1958). The poem begins: "Plus je vieillis et plus je crois en ignorance, / plus j'ai vécu, moins je possède et moins je règne."

Titmice are European birds whose American cousins are chickadees.

Persephone, the goddess of the underworld, is the daughter of Zeus and Demeter. She was picking narcissuses when Hades spotted her and took her underground.

"Surging forth purely." The original line cited is "Ein Rätsel ist Reinentsprungenes," from the fourth strophe of the poem "The Rhine," by Friedrich Hölderlin (1770–1843). Jaccottet often cites this phrase.

The Japanese poet and painter Kobayashi Nobyki (Issa), 1763–1827. He is one of the Japanese masters of the haiku and specifically cherished for the personal slant that he gave to the genre.

Ceres, also known as Demeter, the goddess of farming and harvests.

AFTER MANY YEARS

The Peonies
The sculptural group *La Danse* (1869) by Jean-Baptiste Carpeaux 1827–1875) is located to the right side of the front of the Opera (Palais Garnier) in Paris.

The reference to Suzanne is associated with the Biblical story (Daniel 13) and the many European paintings that have depicted the scene where Suzanne, taking a bath, is spied on by two old men. One of these paintings—"Suzanna and the Elders" (1555)—by Jacapo Tintaretto (1518–1594) is particularly pertinent to this text in that Suzanne has a mirror on the ground in front of her, between her legs. This painting is located in the Kunsthistorisches Museum in Vienna.

Die Leiden des jungen Werther (The Sorrows of Young Werther) is the famous love story (1774 / 1787) written by Johann Wolfgang von Goethe (1749–1832).

The Waters of the Sauve, the Waters of the Lez
The Sauve and the Lez are streams located in the Drôme.

Hesiod's line can be found in the Belles Lettres volume, *Hésiode*, translated by Paul Mazon: *Les Travaux et les Jours*, lines 736–740. For the English, I have used the translation by Hugh G. Evelyn-White: *Works and Days* (Harvard University Press / Heinemann, 1914).

The poem "Hälfte des Lebens" ("Half of Life") by Friedrich Hölderlin (1770–1843) includes the line "ins heilignüchterne Wasser," which can literally be rendered as "in holy, sober water."

Hamlet
The line "Quelquefois, je vois au ciel des plages . . ." is from the poem "Adieu" by Arthur Rimbaud (1854–1891). I have borrowed Mark Treharne's translation from *A Season in Hell and Illuminations* (Dent, 1998).

The Empty Loggia
The fresco cycle by Giotto (1267–1337) covers the entire Scrovegni Chapel (also sometimes called the Arena Chapel), which is located in Padova.

At Larche Pass
The *Col de Larche* (in Italian: *Colle della Maddalena*) is a high mountain pass (elevation 1991 m.) located in the Southern Alps, between France and Italy.

The allusion to doves is related to the story of Noah's Ark (Genesis 6–8, especially 8: 8ff.)

The story by William Butler Yeats (1865–1939) is "The Death of Hanranan," included in *The Stories of Red Hanrahan* (1905).

"Refuge of a moment." Quoted from the aforementioned Noh play, *The Lady of Eguchi*, by the poet Saiygo. See note to "Apparition of Flowers."

AND, NONETHELESS

Having Crossed out the Title
"Anubis with his jackal's jaws." An Egyptian god with the head of a jackal or a wild dog, Anubis is associated with funeral rites and the accompaniment of the dead into the other world.

And, Nonetheless

VIOLETS
The Spiritual Canticle was written by Saint John of the Cross (1542–1591), the Spanish saint and mystic poet.

"AS KINGFISHERS CATCH FIRE . . ."
The lines are by Gerard Manley Hopkins (1844–1889), the English poet, Roman Catholic convert, and Jesuit priest. The untitled poem was probably written in 1877.

Ravenna: Jaccottet refers to the early-Christian churches and monuments dating back to the fifth and sixth centuries, and admired for their mosaics.

ANOTHER PARENTHESIS
Paul Claudel (1868–1955) was a French poet, playwright, essayist, and diplomat. His rereading of The Song of Songs can be found in *Paul Claudel interroge le Cantique des Cantiques* (1954). The Spanish lines have been translated as: "Light-winged birds, / Lions, fawns, bounding does, / Mountains, valley, strands, / Waters, winds, heat, / And the terrors that keep watch by night; // By the soft lyres, / And the siren strains, I adjure you, / Let your fury cease, / And touch not the wall, / That the bride may sleep in greater security." (*A Spiritual Canticle of the Soul and the Bridegroom Christ*, translated by David Lewis and revised by Benedict Zimmerman, Strophes XX and XXI). Chapter 2 of the Song of Songs is particularly pertinent here. For Hopkins, see the note to "As Kingfishers Catch Fire . . ." and *The Journals and Papers of Gerard Manley Hopkins* (edited by Humphrey House and completed by Graham Storey, Oxford University Press, 1986).

ROBIN
"The fairy and the saint." This line ("les soupirs de la Sainte et les cris de la Fée") by Gérard de Nerval (1808–1855) is found in his sonnet "El Desdichado."

COLORS IN THE DISTANCE
The Val des Nymphs is located in the Drôme, near the village of La Garde Adhémar. Its name comes from an altar dedicated to nymphs that was discovered there.

Joachim Patinir (1485–1524) was a Flemish painter of the High Renaissance who was known for his sometimes fantastical landscapes.

Nicolas Poussin (1594–1665) was a French painter whose canvases are often analyzed by Jaccottet as well as by other French poets.

"More loveable than the dawn." A well-known line ("¡Oh noche amable más que el alborada!") from *The Dark Night of the Soul*, by Saint John of the Cross.

TO FIELD BINDWEED

Gustave Roud (1897–1976) was a Swiss poet and writer whose oeuvre was important for Jaccottet's own literary coming of age. See his correspondence with Jaccottet (*Philippe Jaccottet-Gustave Roud: Correspondance 1942–1976*, Gallimard, 2002) as well as Jaccottet's critical work, *Gustave Roud* (Éditions Universitaires de Fribourg, 1968, 2002).

"Consider the lilies how they grow . . ." From the Sermon on the Mount (Luke 12: 27 and Matthew 6: 28).

For Hölderlin, see note to "Apparition of Flowers."

Paul Claudel's line comes from *Connaissance de l'est* (1900), a collection of prose poems that were important for introducing Eastern thought into French literature. The translation used here is by James Lawler (*Knowing the East*, Princeton University Press, 2004).

NIGHTINGALE

"A stream hidden in the night." In "Notes from the Ravine," Jaccottet writes a similar line and notes the Spanish word for nightingale, "ruy-señor" (or "ruiseñor").

CLOUDS

Henry David Thoreau (1817–1862), the American transcendentalist writer, the author of *Walden or Life in the Woods* (1854).

Poussin probably painted "Renaud and Armide" during the years 1625–1626.

THESE SLIGHT NOISES

Notes from the Ravine

"Justified before Osiris". Osiris was an Egyptian god associated with death and the afterlife. With the rise of the cult of Osiris during the Middle Kingdom, it was believed that a dead person faced a tribunal of forty-two judges. If he had led his life according to the right precepts, he was admitted into the realm of Osiris. The Fayum portraits, first discovered in Egypt in 1888, date back to the 1st–4th centuries, A.D.

André Dhôtel (1900–1991) was a French writer whose novel *L'Homme de la scierie* (The Sawmill Man) was published in 1950 by Gallimard. Jaccottet's articles about and correspondence with Dhôtel were published by Fata Morgana in 2008 as *Avec André Dhôtel*.

René Daumal (1908–1944) was a French poet and essayist, associated with the review *Le Grand Jeu*, which he founded with Roger Gilbert-Lecomte. At first linked to the surrealists, Daumal eventually split with André Breton's group and pursued his own spiritual quest. The phrase quoted by Jaccottet is found in Daumal's seminal essay "Poésie noire et poésie blanche" (1954), now available in the paperback gathering, *Le Contre-Ciel* (Gallimard, 1955, 1990). It is often cited by French poets. In the same essay, Daumal explains the sense of "poésie blanche," literally "white" (but also "blank") poetry, which I have paraphrased here as "sparse, pure poetry."

The Chalerne is a very small stream that flows through Grignan.

The final piano sonata (No. 21, B-Flat Major, D 960) by Franz Schubert (1797–1828) was composed in September 1828.

L'Homme noir. In an annotation on my translation manuscript (sent back to me on 9 June 2009), Jaccottet associates this text with a childhood memory: "Does this game perhaps exist only in (French-speaking) Switzerland? In the game, you had to get rid of a certain card, a 'black man' (though not at all, unless I am mistaken, a man of African origin): it was thus a threatening sign, a sign of death. In a similar card game, Mistigri (or Black Cat), the bad card does not have the same evil meaning."

The important Swiss writer Charles-Ferdinand Ramuz (1878–1947) published his first novel, *Aline*, in 1905.

Angelus Silesius (1624–1667), the German mystical poet and thinker. The German lines are: "Die Ewigkeit ist uns so innig und gemein, / Wir woll'n gleich oder nicht, wir müssen ewig sein." The translation by the poet and philosopher Roger Munier (1923–2010) can be read in *L'Enfant chérubinique* (Arfuyen, 1993).

The Renaissance composer Roland de Lassus (1532–1594). The Latin phrase literally means: "May a chorus of angels welcome you and may you enjoy eternal rest with the man who was once poor Lazarus."

The French poet Claire Malroux (b. 1935) translated Emily Dickinson's poems, *Car l'adieu, c'est la nuit*, in 2007 (Gallimard).

For Claudel, see note to "To Field Bindweed." The translation used here is by James Lawler (*Knowing the East*, Princeton University Press, 2004). For the quotation from Hölderlin's poem, see the notes to "Apparition of Flowers."

The South Korean poet Cho Chong-Kwon (b. 1949). My English translation is based on the French version made by Claude Mouchard and cited by Jaccottet in his text. Mouchard's version first appeared in *Po&sie* (No. 88, 1999).

For Saint John of the Cross and his *Spiritual Canticle*, see the notes to "Violets," "Another Parenthesis," and "Colors in the Distance."

The 1975 Nobel prizewinner Eugenio Montale (1896–1981) was a leading figure among the Italian Hermetic poets. For the translation of the lines from "Dora Markus," here is Jonathan Galassi's version in his edition of the *Collected Poems 1920–1954* (Farrar, Straus & Giroux, 1998): "It was where the wooden bridge / spans the high tide at Porto Corsini / and a few men, almost motionless, / sink or haul in their nets . . . ." Although Montale's poem is clearly set on a seashore, Jaccottet maintains lakeshore as well, noting (in a personal letter dated 27 November 2010) that his recollection of the opening lines had also given him this image and this "sentiment of the other shore."

The *Aeneid* is the great epic poem written by Virgil (70–19 B.C.).

Piero Bigongiari (1914–1997) was an Italian poet. The lines are found in his book *E non vi è alcuna dimore* (L'Albatro, 1999). Jaccottet translated some of his poems in *D'une lyre à cinq cordes* (Gallimard, 1997).

Gerard Manley Hopkins's poem was also evoked in "As Kingfishers catch fire . . ."

Goethe's lines from "An Zelter" are: "Wo alles erstarret, / Genieße das Bild."

The art of Giorgio Morandi (1890–1964) is the topic of Jaccottet's book *Le Bol du pèlerin* (La Dogana, 2001).

For Leopardi, see note to "Blazon in Green and White." The quoted lines may be translated as: "In these ancient halls / brightened by snowlight . . ."

Empedocles of Agrigentum (490–430 B.C.) was a Greek pre-Socratic philosopher. He is known for two philosophical works in verse, *Purifications* and *On Nature*.

Max Jacob (1876–1944) was a French poet. Of Jewish origin, he converted to Catholicism in 1915. Arrested because of his origins, he died of exhaustion in the French transit camp of Drancy.

The Sakhalin Monastery is also associated with Anton Chekov, who wrote his travel book *The Island: A Journey to Sakhalin* (1893–94) about the penal colony there.

These Slight Noises . . .
Charles Péguy (1873–1914) was a French poet and writer who was interested in Catholic mysticism.

The translation by Yves Bonnefoy (b. 1923) of a selection of poems by John Keats (1795–1821) was published as *Keats et Leopardi* (Mercure de France, 2000). The "Ode to the Nightingale" was written in 1819.

The work of the German poet Rainer Maria Rilke (1875–1926) has often been analyzed by Jaccottet; see in particular *Rilke par lui-même* (Seuil, 1971). One of Rilke's muses and lovers, Lou Andreas-Salomé (1861–1937) was an intellectual who also knew Friedrich Nietzsche and Sigmund Freud.

The Clansayes plateau, located near Grignan, has been occupied for over 10,000 years.

Jaccottet was born in Moudon, Switzerland, in 1925. His family moved to Lausanne in 1933.

"Molière's physicians" refers to the doctors of *La Malade imaginaire* (The Imaginary Invalid, 1673).

In Mozart's opera *Don Giovanni*, the "Trio of the Masks" takes place at the end of the first act.

Sillans-la-Cascade is a village in the Var.

Jaccottet's *Truinas, le 21 avril 2001* (La Dogana, 2004) is a memoir of the burial ceremony for the poet André du Bouchet (1924–2001). Anne de Staël was du Bouchet's wife, and Marie their daughter.

Achim von Arnim (1781–1831) was a German Romantic poet and novelist. The passage comes from his introduction to his unfinished novel *Die Kronenwächter* (The Guardians of the Crown, 1817).

Bernard Simeone (1957–2001) was a French writer and poet. He was especially known in France for his translations of Italian literature. Jaccottet also devotes a short text—not translated here—to him in the opening "Obituaire" (Obituary) section of *Ce peu de bruits*. The "Mysterious Barricades" is the well-known harpsichord piece by François Couperin (1668–1733).

Paulhiet is a village located in the Drôme. The hanging gardens of Babylon are also named after Semiramis, the legendary queen of Babylon.

Peter Brook (b. 1925) is the well-known British stage director who runs the International Center of Theatre Creations in Paris. The Bouffes-du-Nord is a theater in Paris where Brook's productions are often staged.

La Berre is a stream in the Drôme, near Grignan.

William Butler Yeats and *The Stories of Red Hanrahan* are mentioned in the note to "At Larche Pass."

The Soldier's Tale refers to the theatrical work by Charles-Ferdinand Ramuz that was set to music by Igor Stavinsky in 1918.

The Polish poet Zbigniew Herbert (1924–1998) wrote an entire series of "Mr. Cogito" poems. The version quoted here is by John and Bogdana Carpenter (*Poezje wybrane / Selected poems*, selected by Tomasz Kunz, Kraków: Wydawnictwo Literackie, 2000).

Jan Skácel (1922–1989) was a Czech poet (1922–1989). Poems by Skácel are translated by Jaccottet in *D'une lyre à cinq cordes* (Gallimard, 1997).

Viktor Emil von Gebstattel (1883–1976) was a German psychiatrist who knew Rilke and many other writers and artists.

Hervé Ferrage has written *Philippe Jaccottet, le pari de l'inactuel* (Presses Universitaires de France, 2000).

The French sinologist François Jullien's *Detour and Access: Strategies of Meaning in China and Greece*, first published in French by Grasset in 1995, was issued by the MIT Press in 2004. *The Great Image has no Form: Or the Nonobject through Painting*, published in French by Le Seuil in 2003, was brought out by the University of Chicago Press in 2009.

Jean-François Billeter is a Swiss sinologist who attacked the theories of François Jullien in his book *Contre François Jullien* (Allia, 2006).

Rilke's notion of a "Weltinnenraum," which is mentioned in his untitled poem beginning "Es winkt zu Fühlung fast allen Dingen," is usually translated into French as "espace intérieur du monde" and into English as "world's inner space" (or, more dubiously, as "inner world space").

Goethe's poem "St. Nepomuks Vorabend" is discussed in Robert Musil's essay "Littérateur et literature" (1931). See *Essais*, translated by Philippe Jaccottet, Éditions du Seuil, 1984, pp. 233–255 and note 3, p. 618. The quoted lines may be translated as: "Lights swimming on the stream, / Children singing on the bridges . . ." The German original of Musil's essay can be found in volume 9 of his *Gesammelte Werke* (Rowohlt, 1983).

François-René de Chateaubriand (1768–1848) was a French romantic writer and politician. His autobiography, *Mémoires d'outre-tombe* was published in 1848.

Paul Claudel's *Père humilié* (written in 1915–1916) is a four-act play that belongs to the Coûfontaine Trilogy, along with *L'Otage* (1908–1910) and *Le Pain dur* (1913–1914).

Ingeborg Bachmann (1926–1973) was a German writer and poet. The English version of her poem "Böhmen liegt am Meer" is by Peter Filkins (*Darkness Spoken: The Collected Poems*, Zephyr Press, 2005). This bilingual Zephyr Press edition includes

Bachmann's posthumously discovered poems. Jaccottet translated Bachmann's novel *Malina* into French (Seuil, 1973).

Ibn Battuta (1304–1369) was a Moroccan Berber travel writer who explored some 80000 miles of the Islamic world during a twenty-nine-year period. His writings are gathered in *The Adventures of Ibn Battuta: A Muslim Traveler of the 14th Century* (translated by Ross E. Dunn, University of California Press, 1986).

The sura from The Koran has been adapted from Dr. Muhammad Muhsin Khan's translation of The Prophets, verses 79–80.

Jaccottet's *Airs, poèmes 1961–1964* was published in 1967 by Gallimard.

Claudio Monteverdi (1567–1643) wrote "Vespers" in 1610. The Latin phrase "Quae est ista . . ." can be translated as "Who is she that shines like the dawn in her rising, that I might bless her?" (translated by John Kilpatrick).

For Issa, see note to "Apparition of Flowers."

Tomas Tranströmer (b. 1931) is a Swedish poet. The English version used here is by Robert Bly (*Guernica*, May 2005).

"Flora at the horizon" refers to the central figure of the aforementioned painting "Spring" by Botticelli. See the note to "Blazon in Green and White."

"All the perfumes of Arabia will not sweeten this little hand." *Macbeth*, Act V, Scene 1.

EARTH COLOR

"The Narrow Path to the Deep North" is one of the titles given to one of the last books of poems by the Japanese poet Basho (1644–1694).

For the Valley of Jehoshaphat, see Joel 3:2: "I will also gather all nations, and will bring them down into the valley of Jehoshaphat, and will plead with them there for my people and for my heritage Israel, whom they have scattered among the nations, and parted my land."

For the Four and Twenty Elders, see Revelation 4:4: "And round about the throne were four and twenty seats: and upon the seats I saw four and twenty elders sitting, clothed in white raiment; and they had on their heads crowns of gold." The later allusion to Saint John recalls the legend, disputed by scholars, that John was the author of both the Gospel of John and Revelation.